정사론

정사론

초판 1쇄 발행 2020년 2월 27일
2쇄 발행 2021년 7월 26일

원저 장언식
역주 안대영
해설 이윤치

펴낸이 장길수
펴낸곳 지식과감성#
출판등록 제2012-000081호

디자인 장흥은
편집 윤혜성, 장흥은
교정 정은지
마케팅 고은빛

주소 서울시 금천구 벚꽃로298 대륭포스트타워6차 1212호
전화 070-4651-3730~4
팩스 070-4325-7006
이메일 ksbookup@naver.com
홈페이지 www.knsbookup.com

ISBN 979-11-6552-035-9(03690)
값 13,000원

ⓒ 안대영·이윤치 2020 Printed in Korea

잘못된 책은 구입하신 곳에서 바꾸어 드립니다.
이 책의 전부 또는 일부 내용을 재사용하려면 사전에 저작권자와 펴낸곳의 동의를 받아야 합니다.

이 도서의 국립중앙도서관 출판예정도서목록(CIP)은 서지정보유통지원시스템
홈페이지(http://seoji.nl.go.kr)와 국가자료공동목록시스템(http://www.nl.go.kr/kolisnet)에서
이용하실 수 있습니다. (CIP제어번호 : CIP2020007599)

홈페이지 바로가기

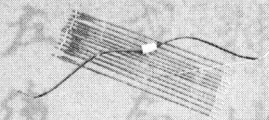

장언식 원저
안대영 역주, 이윤치 해설

우리 활 바르게 쏘는 법
정사론

우리 활 바르게 쏘는 비법과 그 속에 담긴 깊은 사예 철학

선조들이 쏘았던 바로 그 전통 사법인 정사법을 익혀서
그 안에 담긴 우리 활의 정신을 계승하는 것도 의미 있는 일일 것이다.

이 책을
읽기 전에

『정사론』은 고위급 무관까지 역임하셨던 청교 장언식 가의대부께서 1872년(고종 9년) 65세 때 지으신 것으로, 우리 활의 사법을 수십 년간 경험에 의해 정립하고 정리한 위대한 저술이다. 이 책을 번역·주해한 방법은 다음과 같다.

1) 쉬운 현대문으로 원문이 의미하는 바를 객관적으로 정확하게 번역하려고 하였다. 다만 원문 속에 생략된 의미가 분명하게 보일 경우는 이를 드러내어 번역하였다.
2) 인용이나 찾기에 편리하도록 모든 편의 번역문을 문단으로 나누어 문단 번호를 붙이고, 각 편의 편명을 붙였다.
3) 한문 원문은 괄호 안에 음을 넣고 한글 토를 달았으며, 난해한 어휘에 한해 주석과 함께 해설을 붙이고, 필요한 경우 한문 문법과 어구의 출전에 대한 설명도 곁들였다.
4) 할주는 〈 〉 안에 넣었고, 번역문의 문단 설명이 필요한 경우

그 아래 ◎표의 설명문을 달았다. 그 밖에 필요할 경우 ※표의 주석이나 설명을 달았다.
5) 번역·주해의 다음인 제2부에는 휘송 이윤치 본정(단양 대성정) 고문께서 정리한 총괄 해설문을 실었다. 모쪼록 본서가 강호의 모든 궁사님들에게 조금이라도 도움이 된다면 더없이 기쁘겠다.

단기 4353년 새해를 맞으며
역주자 백산 안대영 근기

청교(靑郊) 장언식(張彦植) 공에 대하여

『정사론』을 쓰신 청교 장언식 공의 생애를 문헌에서 자세하게 알려고 하였으나 여의치 않았다. 일부의 문헌과 『정사론』 안의 내용으로 다음과 같이 정리한다.

- 1808년 출생(순조 8년, 무진)-『정사론』
- 1824년(순조 24년, 갑신) 17세, 활쏘기 시작-『정사론』
- 1827년(순조 27년, 정해) 20세, 금군에 발탁되어 복무함-『정사론』
- 1830년(순조 30년, 경인) 23세, 민사부를 찾아뵘-『정사론』
- 1847년(헌종 13년, 정미) 40세, 무과에 급제함-『정사론』
- 1862년(철종 13년, 임술) 55세, 7월 18일 변방인 (평안북도 희천군) 유원진(柔院鎭) 첨사(첨절제사)로 떠남-『승정원일기』「비망록」
- 1869년(고종 6년, 기사) 62세, 활의 이치를 깨달음-『정사론』
- 1872년(고종 9년, 임신) 65세, 5월 하순에 『정사론』을 완성하고 서호 윤홍섭 공에게 서문을 쓰게 함-『정사론』

정사론 외의 문헌으로는 『승정원일기』 「비망록」 철종 13년 7월 18일 기록이 모든 정황상 가장 신뢰할 만하다. 그런데 발문에 의

하면 변방의 첨절제사로 부임한 지 20개월 만에 친상을 당하셨다고 했다. 그렇다면 당시 첨절제사의 임기가 900일이고, 삼년상은 25~27개월이고, 결복서용(闋服敍用) 제도가 있었음을 감안하면 다음과 같은 추측이 가능하다.

- 1862년 7월 18일 평안도 유원첨사 부임(55세)
- 1864년 3월경 친상을 당하고 휴직(57세)
- 1866년 6월경 친상을 마침(59세)
- 1866년 7월경 휴직을 마치고 다시 부임(59세)
- 1867년 4월경 유원첨사의 임기를 마침(60세)

공께서 유원첨사를 마치신 다음에는 실직(실제의 관직)에 나가시지 않은 것으로 보인다. 종2품 가의대부로 가자(加資)된 것은 유원첨사를 마친 다음으로 추측된다.『승정원일기』고종 4년(1867년) 6월 13일과 6월 17일 기록(오위장에 임명했으나 사직한 내용)은 공일 수도 있고 아닐 수도 있다. 그러나 일성록 고종 8년(1871년) 9월 12일과 고종 10년(1873년) 6월 2일 시사(試射) 기록에 나오는 장언식 절충장군은 공이 아닌 동명이인으로 본다.

| 차례 |

이 책을 읽기 전에 4
청교(青郊) 장언식(張彥植) 공에 대하여 6

제1부 정사론 원문 번역과 주해

서문 13
사론 18
제1편 활쏘기의 6가지 법도 26
제2편 조화를 부리는 3개의 관절 33
제3편 온 정성으로 바른 마음에 도달 37
제4편 나무활과 큰활로 연습하는 법 42
제5편 골절 힘의 순조로운 길을 따라서 48
제6편 활을 가득 열어 발시하는 법 56
제7편 골절의 구조적 성질과 힘의 사용법 62
제8편 훌륭한 스승이 활 쏘는 모습 70
제9편 신입 궁사에게 활을 지도하는 과정 76
제10편 깍지를 떼지 않는 연습의 효과 86
제11편 과녁 욕심을 버리고 연궁에 중시로 92
제12편 올바른 자세에서 올바른 도리가 이루어짐 101
제13편 몸자세를 언덕처럼 굳건하게 108
제14편 형세의 허실과 기운의 조짐을 살핌 112
제15편 오로지 바른 마음으로 활을 쏨 127
제16편 양 눈으로 과녁을 보는 법 135
제17편 6가지를 한결같이 함 142
제18편 힘찬 활쏘기의 위엄 있는 소리 146
제19편 활이 거처하는 궁실을 바르게 149
제20편 올바른 스승이 없는 궁사의 최후 154
제21편 체형에 따라 올바른 자세로 161
제22편 활쏘기의 중심과 일선 176
결론 179
발문 188

제2부 정사론의 사법에 대하여

들어가는 말 217
『정사론』의 사론 범위 219
사법의 구분과 자세 및 동작 221
『정사론』의 핵심 자세 거궁법 224
『정사론』의 핵심 동작 개궁법 226
『정사론』의 발시법 228
『정사론』의 기타 몸자세와 동작 232
나가는 말 238

번역과 주해를 마치며 240

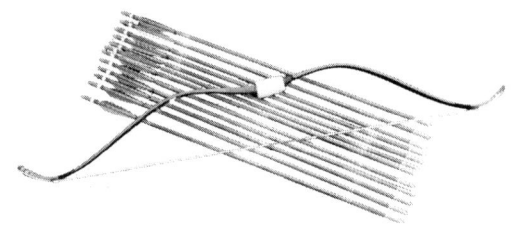

有分則相用久依則自外附
備無取句被有周者
備乘武士之射蓋有窮后
樣妙後好姊之偹譬猶余
甚惑為殷鈴忘批論二十二篇
代在後財承庸厥幾有補於萬

1부

정사론 원문 번역과 주해

백산 안대영(단양 대성정 고문)

　정사론(正射論)은 '정사법에 관한 논문'이라는 뜻이다. 정사법(正射法)이란 몸통과 얼굴을 과녁에 정면으로 대하고 높은 거궁 자세를 취하는 우리 활의 전통 사법을 가리킨다.『정사론』은 이러한 우리의 전통 사법에 대해 명쾌한 이론으로 자세하게 설명한다. 또한 궁사들이 활쏘기의 바른 몸자세를 통해 마음까지 바르게 하여, 나라의 간성이 되기를 바라는 충의가 간절하게 표현되어 있으며, 활을 통해 심신을 수련했던 우리 선조들의 깊은 사예 철학도 담겨 있다. 이 책『정사론』을 통해 전통 사법인 정사법이 우리 국궁계에 더욱 확산되어, 우리 선조의 훌륭한 정신을 이어가기를 충심으로 기대하는 바이다.

서문

1 나는 어려서 육예의 문장을 읽었지만 그 모두를 깊이 맛보지는 못했다. 특히 활쏘기의 깊은 맛에 대해서는 그 묘한 이치를 더욱더 깨닫지 못했다. 어떤 사람이 달처럼 활을 당겨 유성처럼 화살을 보내는데 먼 곳을 쏘아 먼 곳에 도달하게 할 줄은 안다. 그러나 과녁은 어쩌다가 맞히기도 하고 맞지 못하기도 한다. 그렇다면 이 사람은 어떻게 해야 활쏘기의 깊고 묘한 이치를 알 수 있게 되겠는가?

◎ 어느 정도 활을 쏠 줄 아는 사람이 한 걸음 더 나아가 활쏘기의 깊고 묘한 이치를 알기 위해서는 훌륭한 사법서가 있어야 한다는 뜻이 숨어 있다. 그 숨어 있는 뜻이 다음 문단으로 이어진다.

余幼讀六藝之文(여유독육예지문)이나 而皆不能翫(이개불능완)이러니, 其深味於射(기심미어사)에는 尤未覺妙理矣(우미각묘리의)러라. 何者(하자)가 只知(지지) 如月而彎(여월이만)하고 如星而流(여성이류)하여 射疏及遠(사소급원)이나, 當其所則中(당기소즉중)하고 不當其所則不中(부당기소즉부중)하면, 又何知其間(우하지기간)의 有深妙之理哉(유심묘지리재)아?

1) 六藝(육예): 중국 주대(周代)에 행해지던 교육 과목으로 예(禮)·악(樂)·사(射)·어(御)·서(書)·수(數) 등 여섯 종류의 기술. 예는 예용(禮容), 악은 음악, 사는 궁술(弓術), 어는 마술(馬術), 서는 서법(書法), 수는 수학(數學)이다.
2) 翫(완): 완미하다. 깊이 맛보다.
3) 何者只知(하자지지): '어떤 사람이 다만 ~할 줄만 안다'의 뜻으로 '何者(하자)'는 주어이고 '只知(지지)'는 술어이다. 주어 何者(하자)는 2개의 술어를 가지는데, 뒤에 나오는 타동사구 又何知(우하지)도 이 何者(하자)의 술어가 된다. 술어 只知(지지)는 타동사로 목적어를 가지는데, 바로 이어지는 如月而彎(여월이만)~射疏及遠(사소급원)이다.
4) 射疏及遠(사소급원): '먼 곳을 쏘아 먼 곳에 도달하다.' 疏(소)는 遠(원)과 같은 뜻으로 글자의 중첩을 피해 사용한다. 전한(前漢) 문·경제(文·景帝) 때의 정론가(政論家) 조조(晁錯)의 병법 역작인「言兵事疏(언병사소)」에 보인다.
5) 如月而彎(여월이만): 달이 구름 사이를 흘러가듯 활이 열리면서 품 안에서 앞으로 나가는 모습이라 볼 수도 있고, 초승달이 보름달로 되는 것처럼 활을 만작하는 모습이라 볼 수도 있다.
6) 當其所則中(당기소즉중) 不當其所則不中(부당기소즉부중): 어쩌다가 맞히기도 하고 맞히지 못하기도 하여 일정함이 없는 것을 가리킨다. 當其所(당기소)는 과녁을 맞힐 수 있는 거리에 맞게 화살이 떨어지는 것을 가리킨다.

7) 又何知(우하지): '또한 어떻게 해야 ~을(목적어) 알 수 있게 되겠는가?'라는 뜻의 타동사구이다. 이 술어구의 주어는 앞에 나온 何者(하자) 只知(지지)의 '何者(하자)'이고, 목적어는 뒤에 이어지는 '其間有深妙之理(기간유심묘지리)'이다.

2 이번에 첨절제사 장언식 공이 사예에 관해 논한 글 한 편을 보니, 규구(規矩)와 방원(方圓)의 조화가 무궁하여 옛 사람들의 글에 없는 내용이었다. 아! 이 책 스물두 편은 활 쏘는 자세와 동작에 대한 공부뿐만 아니라, 사이사이에 적개와 충의의 뜻이 있어 범상치 않으니, 사람들이 법도로 삼을 만하다. 이에 놀라서 눈을 크게 뜨고 공경하는 마음으로 서문을 쓴다.

今觀張僉節制彦植令(금관장첨절제언식령)의 論射一篇(논사일편)하니, 規矩方圓造化(규구방원조화)가 無窮(무궁)하여 於古人書(어고인서)에 曾未所有(증미소유)라. 噫(희)라! 此書二十二篇(차서이십이편)이 非但有工於射體(비단유공어사체)하고, 間間有敵愾忠義之志(간간유적개충의지지)하여 非凡常(비범상)하니, 人所可爲度(인소가위도)라. 瞠然直視(당연직시)하고 敬而序之(경이서지)하노라.

8) 張僉節制彦植令(장첨절제언식령): 일부 관아(官衙)의 장관(長官)을 令(령)이라 했다. 앞으로 『정사론』의 해설에서는 장

언식 가의대부를 오늘날 호칭 관습에 따라 공(公)이라고 부르겠다.
9) 僉節制使(첨절제사): 변방 및 각 지방의 거진(巨鎭)을 통솔하던 종3품 자리의 무관. 장언식 공은 동첨절제사(종4품의 자리)에 보임되었지만, 당시의 호칭 관습에 따라 첨절제사라 한 것으로 보인다.
10) 張彦植(장언식, 1808~?):『정사론』의 저자로 이 책의 처음에 별도로 정리하였다.
11) 規矩方圓(규구방원): 規(규)는 원을 그리는 걸음쇠이고 矩(구)는 직각을 그리는 곡척(곱자)이다. 方(방)은 곱자로 그린 것처럼 직각으로 방정함을, 圓(원)은 걸음쇠로 그린 것처럼 바른 원을 뜻한다.
12) 射體(사체): 궁체(弓體)와 같은 말이다. 활 쏘는 자세와 동작을 총칭한다.
13) 瞠然(당연): 놀라서 눈을 휘둥그레 뜨고 바라보는 모양.
14) 敬而序之(경이서지): 공경(존경)하면서 서문을 쓴다는 뜻으로 윤흥섭 공의 장언식 공에 대한 존경심이 보인다.

3 임신 유월 상순에 영평후인 서호 윤흥섭은 삼가 서문을 쓴다.

壬申流月(임신유월) 上澣(상한)에 鈴平後人(영평후인) 西湖(서호) 尹興燮(윤흥섭)은 謹序(근서)하노라.

15) 壬申(임신): 고종 9년 임신, 서기 1872년이다.
16) 流月(유월): 유두(流頭)가 있는 달이라 하여 음력 유월(六月)을 가리킴.
17) 上澣(상한): 上旬(상순)
18) 鈴平後人(영평후인): 본관이 영평인 후손을 말한다. 鈴平(영평)은 坡平(파평)의 시대에 따라 다른 이름이다. 지금의 경기도 파주시 일대.
19) 윤흥섭(?~?): 『승정원일기』에 다음과 같은 기록이 있다.
   - 고종 11년(1874년) 화양서원을 복구할 것을 청하는 유학들의 상소에 이름이 있다. 『정사론』의 서문을 쓴 지 2년 뒤가 된다.
   - 고종 17년(1880년) 정축년 정월 감제에서 입격한 자들에 대하여 증광문과 전시에 직부할 것 등을 청하는 예조의 계에 이름이 등장한다.

사론

1 천지가 처음 바로잡히고 삼황이 비로소 출현하였는데 그 제왕의 도는 각각의 분야가 있었다. (제왕의 도인) 문(文)과 무(武)를 베풀어 씀에 있어 (문에는) 예로부터 이름난 학자와 현명한 선비들의 글이 있었고 뒤로도 전해지는 도서들이 있다. 그러나 무사의 사예(射藝)는 유궁씨 부족 후예의 신묘한 이야기 뒤로는 전설로나마 활쏘기의 형적이 전해지지 않는다. 그러므로 내가 이를 매우 의아하게 여기면서 졸렬함을 무릅쓰고 감히 다음과 같이 스물두 편의 논서를 지으니, 후세의 궁사들이 이어받아 씀으로써 만에 하나라도 도움이 되기를 바랄 뿐이다.

射論

天地初正(천지초정)에 三皇(삼황)이 始出(시출)하니 帝王之道(제왕지도)는 各有分境(각유분경)이라. 施用文武則(시용문무즉) 自古以來(자고이래)로 名儒賢士之章句(명유현사지장구)하고 後有圖書之傳集(후유도서지전집)이나, 武士之射藝(무사지사예)는 有窮后羿之神妙後(유궁후예지신묘후)로는 無形跡之傳譬(무형적지전비)라. 故(고)로 余甚惑焉(여심혹언)하여 敢茲忘拙(감자망졸)하고 論二十二篇於左

(논이십이편어좌)하니, 後射承庸(후사승용)하여 庶幾有補
於萬一云耳(서기유보어만일운이)하노라.

1) 天地初正(천지초정): 여기서 천지는 자연으로서의 천지가 아니라 인간 사회에 문명이 시작되는, 즉 인문 개벽의 상황을 가리킨다. 인문 개벽이란 다른 동물과는 다른 인간 특유의 생활상이 전개됨을 말한다.
2) 三皇始出(삼황시출): 중국 전실의 3명 황제인 복희(伏羲), 신농(神農), 황제(皇帝)를 가리킨다. 특히 황제(皇帝)인 헌원(軒轅)은 중국 인문(人文)을 개벽(開闢)한 자로 인정된다.
3) 有窮后羿(유궁후예): 有窮(유궁)은 有窮氏(유궁씨), 또는 有穹氏(유궁씨)라고 불리는 중국 고대 夏(하)왕조 때 東夷(동이) 부락의 이름도 되고, 그 부락에 살던 사람들의 氏(씨)를 가리키기도 한다. 이 부락은 지금의 산동성 서부에 있던 것으로 추정되며 활을 잘 쏘기로 유명했다. 后羿(후예)는 그 부락의 수령이었다. 夷羿(이예)라고도 하고 그냥 羿(예)라고도 한다. 후예(后羿)는 요(堯)임금 때 하늘에 태양이 10개가 떠서 온 땅이 타들어가자 활로 태양 9개를 떨어뜨리고 하나만 남겨 두었다고 한다. 이는 그의 활 솜씨를 태양을 떨어뜨리는 실력으로 비유(譬)한 것이다.
4) 無形跡之傳譬(무형적지전비): 직역하면 '형적이 전해지는 비유조차 없었다'가 되는데, 무예 특히 사예에 관한 기록이 거의 없었다는 말씀이다.

5) 庶幾(서기): 바라건대, ~하기를 바란다.
6) 承庸(승용): 이어서 쓰다(사용하다). 여기서 庸(용)은 用(용)의 뜻이다.

2 사예는 나라를 지키는 방패요 성벽이다. 『서경』에는 "천하를 다스리는 도는 과녁을 쏘아 이를 밝히는 것이며 이를 이어받아 쓰는 것이다"라고 하였으며, 『주역』에는 "천하에 위엄을 세우는 도는 나무를 구부려 활을 만들고 나무를 깎아 화살을 만드는 것으로 한다"라고 하였다. 그러므로 공자께서 확상의 들판에서 사례(射禮)를 행하실 때 보는 사람들이 담장을 두른 것 같았는데, 제자로 하여금 술잔을 들고 나아가 순서대로 세 부류의 사람들을 물리쳐(사례에 참여하지 못하게) 한 것은 곧 활쏘기로 그 덕을 보여 주고자 하심이었다.

夫射者(부사자)는 國之干城也(국지간성야)니, 書言(서언)하되, "治天下之道(치천하지도)는 曰(왈) 侯而明之(후이명지)하며 承之庸之(승지용지)"라 하며, 易言(역언)하되, "威天下之道(위천하지도)는 曰(왈) 弦木爲弧(현목위호)하고 剡木爲矢(염목위시)"라 하니라. 故(고)로 孔子(공자)께서 射於矍相之圃(사어확상지포)에 觀者如堵(관자여도)러니, 使弟子(사제자)로 揚觶而序黜者三(양치이서출자삼)은 則射而觀其德也(즉사이관기덕야)시니라.

7) 侯而明之(후이명지) 承之庸之(승지용지):『서경(書經)』「우서(虞書) 익직 편(益稷篇)」에 있는 구절이다. 여기서 庸(용)은 用(용)의 뜻이다.

8) 弦木爲弧(현목위호) 剡木爲矢(염목위시):『주역(周易)』「계사(繫辭) 하전(下傳)」제2장에 나오는 구절이다.

3 덕이란 몸가짐을 바르게 하는 것이며 몸가짐을 바르게 하는 것은 마음가짐을 바르게 하는 것이다. (이리하여 공자께서) 마음가짐이 진실로 바르지 않은 자들을 물리쳤고, 부모를 섬김에 불효한 자들을 물리쳤으며, 전쟁에 임하여 무(武)를 사용하는 지혜가 없는 자를 물리친 것이다. (또한 공자께서) 일찍이 제자들에게 경계하시기를 "활쏘기는 군자와 같으니 정곡을 맞히지 못하면 자신을 돌아본다"라고 하셨다.

德者(덕자)는 正己也(정기야)요 正己者(정기자)는 正心也(정심야)니, 其心(기심)이 苟不正則黜(구부정즉출)하시고, 事親不孝則黜(사친불효즉출)하시고, 臨陣無用武之智則黜(임진무용무지지즉출)하시니라. 嘗誡門弟曰(상계문제왈) "射有似乎君子(사유사호군자)하니 失諸正鵠(실저정곡)이면 反求諸其身(반구저기신)"이라 하시니라.

9) 射有似乎君子(사유사호군자): 이 구절 이하는『중용장구』제14장에 있다.

10) 反求諸其身(반구저기신): 諸는 之於(지어)이므로 '저'로 읽는다.

4 지금 (내가) 활쏘기에 대해 논하는 것은 단지 활을 쏘는 (방법)만이 아니라 활쏘기에는 도(道)가 있고, 규(規)가 있고, 구(矩)가 있고, 법(法)이 있고, 도(度)가 있음을 논하는 것이다. 하늘에는 해와 달의 도(道)가 있고 땅에는 사람과 사물의 도가 있다. 활쏘기에는 군자의 도가 있으니 곧 몸가짐을 바르게 하고 마음가짐을 바르게 하는 것이 도(道)이다. (거궁할 때) 앞 팔을 높이 들어 앞 팔 모양이 원이 되게 하는 것이 규(規)이고, 뒤 팔을 높이 들어 뒤 팔 모양이 직각이 되게 하여 붙잡는 것이 구(矩)이며, (활을 열 때) (앞 팔을 들어 올리며 미는) 전거(前擧)와 (뒤 팔을 내리 누르며 붙잡아 당기는) 후집(後執)을 아울러 법(法)이라 하고, 술을 마시며 활을 쏘는 주(周)나라의 예(禮)를 도(度)라고 한다.

今有論射者(금유논사자)는 非徒射也(비도사야)요 射而有道規矩法度(사이유도규구법도)니라. 天有日月之道(천유일월지도)하고, 地有人物之道(지유인물지도)하며, 射有君子之道(사유군자지도)하니, 第(제)正己正心曰道(정기정심왈도)요, 前擧正圓曰規(전거정원왈규)요, 後擧執方曰矩(후거집방왈구)요, 前擧後執曰法(전거후집왈법)이요, 飮射周禮曰度(음사주례왈도)니라.

11) 第(제): 연사(連辭)로서, 문맥의 전환을 나타내기도 하고, 여러 가지 사항에 대하여 순서에 따라 말할 때 관습적으로 쓰기도 하는 글자이다.

12) 前擧正圓曰規(전거정원왈규): 거궁 자세에서 앞 팔 자세이다. 앞 팔이 그림쇠(컴퍼스)로 그린 듯 완전한 동그라미가 되게 함을 말한다. 이 자세에서 활을 열면 앞 팔은 앞쪽 하늘을 향해 원을 그리며 내려오게 된다. 마치 지구의 날줄(경도선)을 그리는 것과 같다. 따라서 개궁할 때 앞 팔이 움직이는 모양을 앞으로 나올 제1편에서 날줄(經: 경)이라고 한다.

13) 後擧執方曰矩(후거집방왈구): 거궁 자세에서 뒤 팔 자세이다. 뒤 팔이 곡척으로 그은 듯 직각으로 굽어진 모양을 말한다. 이 자세로 개궁할 때 뒤 팔은 회전하는 어깨를 따라 지구의 씨줄(위도선)을 그리는 것처럼 회전하면서 뒤로 움직인다. 따라서 뒤 팔이 움직이는 모양을 앞으로 나올 제1편에서 씨줄(緯: 위)이라고 한다.

14) 前擧後執曰法(전거후집왈법): 거궁 자세가 갖추어진 다음 활을 여는 동작을 설명한 구절이다. 제6편에 활을 여는 동작 설명 전추후압(前推後壓)을 비롯한 『정사론』 곳곳의 설명을 종합하면, 전거(前擧)는 '앞 팔을 들어 올리며 미는 동작'으로, 후집(後執)은 '뒤 팔을 내리 누르며 붙잡아 당기는 동작'이라고 확실하고 분명하게 정리할 수 있으므로 그에 따라 번역한다.

※ 規(규), 矩(구), 法(법)

활을 실제로 쏘는 것과 관련된 부분이 規(규), 矩(구), 法(법) 이렇게 3가지인데, 여기서 주목되는 점은 規(규)와 矩(구)는 거궁 자세이고, 法(법)은 개궁(활을 여는) 동작인데, 거궁 자세는 앞 팔 자세인 規(규), 뒤 팔 자세인 矩(구)로 나누어 법칙을 세운 반면에, 개궁 동작은 줌손 동작과 깍지손 동작을 나누지 않고 묶어서 法(법)으로 정한 점이다. 거궁 자세가 가장 중요하기 때문에 이렇게 나눈 것이다.

※ 소멸해 버린 도(度) 사례(射禮)

청교 공께서 말씀하신 규구법도의 도(度)는 대사례(大射禮), 향사례(鄉射禮)의 법도를 말한다. 그 처음 시작은 공자께서 확상의 들판에서 행하셨던 사례(射禮)이다. 150여 년 전 공께서『정사론』쓰실 때만 하더라도 우리나라에 향사례가 있었다. 향사례는 향촌의 풍속을 교화하며 모든 사람이 훌륭한 인격자인 군자가 되게 하려는 향촌의 문화운동이었다.

5 또한 예로부터 사풍으로 이어진 범례가 있는데, 곧 발의 모양이 정(丁) 자도 아니고 팔(八) 자도 아니게 서는 것을 범례라 하고, 가슴을 허하게 하고 배를 실하게 하는 것을 범례라 하고, 먼저 산의 형세를 살피는 것을 범례라 하고, 다음에 바람의 방향과 세기를 살피는 것을 범례라 한다.

又有由來射風凡例者(우유유래사풍범례자)하니, 第(제)非丁非八(비정비팔)을 曰例(왈례)요, 胸虛腹實(흉허복실)을 曰例(왈례)요, 先察山形(선찰산형)을 曰例(왈례)요, 後觀風勢(후관풍세)를 曰例也(왈례야)니라.

15) 凡例(범례): 모범, 본보기로 개략적인(일반적인) 규칙(원칙)을 뜻한다. 대한궁도협회의 집궁제원칙 가운데 이 범례 4개 항목이 들어 있다.

제1편
활쏘기의 6가지 법도

1 몸가짐을 바르게 하고 마음가짐을 바르게 하는 도(道)는 몸가짐을 바르게 하여 그 바른 몸가짐을 통해 마음가짐을 바르게 하는 것이다. 이리하여 (몸가짐인) 용모를 살펴서 (내면의) 덕(德)을 볼 수가 있다. (거궁할 때) 앞 팔을 높이 들어 앞 팔 모양이 원이 되게 하는 규(規)는 앞 팔뚝을 둥글게 하여 그 둥근 모양이 하늘과 같게 하는 것이니 그 들고 있는 모양이 너그러워 인(仁)·의(義)와 같다. (거궁할 때) 뒤 팔을 높이 들어 뒤 팔 모양이 직각이 되게 하여 붙잡는 구(矩)는 뒤 팔뚝을 직각으로 구부려 그 방정한 모양이 땅과 같게 하는 것이니 그 들고 있는 모양이 온유하여 예(禮)·지(智)와 같다. (활을 열 때) (앞 팔을 들어 올리며 미는) 전거(前擧)와 (뒤 팔을 내리 누르며 붙잡아 당기는) 후집(後執)인 법(法)은 뒤를 충실하게 붙잡아 당김으로써 앞을 굳건하게 밀고 앞을 굳건하게 밂으로써 뒤를 충실하게 붙잡아 당기는 것으로, 앞은 날줄(經: 경)이 되고 뒤는 씨줄(緯: 위)이 된다.

◎ 활쏘기의 6가지 법도 가운데, 道(도), 規(규), 矩(구), 法(법) 등 4가지에 대한 설명이다. 특히 거궁 자세의 앞뒤 팔 자세를 인의예지(仁義禮智)로 비유하여 설명하신 이유는 몸자세를 바르게

함으로 인하여 마음자세를 바르게 한다는 사예의 도(道), 즉 正己正心(정기정심)을 강조하기 위해서이다. 몸자세의 기본이 거궁자세라면 마음자세의 기본은 인의예지(仁義禮智)이기 때문이다.

第一(제일)
　正己正心之道(정기정심지도)는 以己爲正(이기위정)하여 以正爲心(이정위심)이니, 試容觀德者也(시용관덕자야)니라. 第(제)前擧正圓之規(전거정원지규)는 以肱爲圓(이굉위원)으로 以圓爲乾(이원위건)이니 擧休仁義者也(거휴인의자야)니라. 第(제)後擧執方之矩(후거집방지구)는 以肱爲方(이굉위방)으로 以方爲坤(이방위곤)이니 擧柔禮智者也(거유예지자야)니라. 第(제)前擧後執之法(전거후집지법)은 以執爲擧(이집위거)하고 以擧爲執(이거위집)으로 前經後緯者也(전경후위자야)니라.

1) 試容觀德(시용관덕): 외면의 용모를 살펴서(試) 내면의 덕을 볼 수가 있다는 뜻이다. 성리학에서는 외면인 용모와 동작은 내면인 덕(마음)의 표현이라 보고, 외면의 용모와 동작을 가다듬어 내면의 덕을 충실하게 하고자 했다. 즉 正己(정기)를 통해 正心(정심)을 추구한 것이다. 이 사상이 공의 사예 철학에도 다름없이 나타난다.

2 술을 마시며 활을 쏘는 주례(周禮)의 도(度)는 예로써 악

(樂)을 행하며 악(樂)으로써 활쏘기를 행하는 것이다. 어떻게 활을 쏘아야 예(禮)에 합당하고 어떻게 들어야 악(樂)에 합당한 것인가? 향음주례 곧 향사례의 풍속과 같이하는 것이니 이는 성인 시대 정치 위엄의 절주이다. 『춘추전』에 말하기를 "무엇으로 쏘고 무엇으로 듣느냐?"라고 한 것은 곧 예로써 활을 쏘고 음악으로써 듣는다는 뜻이다. 그런즉 예와 악으로 활을 쏜다는 말은 (사예에) 육예의 3가지가 함께 어울려 있다는 뜻이다.

◎ 활쏘기의 6가지 법도 가운데, 度(도)에 관한 설명이다. 사예의 도(度)는 '예(禮)와 악(樂)이 함께 어울려 있는 것'이라는 말씀이다. 향음주례, 곧 향사례에는 예와 악이 함께 어울려 있었다.

第(제)飮射周禮之度(음사주례지도)는 以禮爲樂(이례위악)하고 以樂爲射(이악위사)니, 何以射者(하이사자)가 比於禮(비어례)며 何以聽者(하이청자)가 比於樂(비어악)이오? 鄕飮鄕射之風(향음향사지풍)은 聖代之治之威之節奏者也(성대지치지위지절주자야)니라. 『春秋傳(춘추전)』에 曰(왈) "何以射(하이사)하고 何以聽者(하이청자)오?"는 謂之禮(위지례) 謂之樂(위지악)이니, 則禮樂之射者(즉예악지사자)는 謂之六藝之三也(위지육예지삼야)니라.

2) 周禮(주례): 중국 주나라 왕실의 관직 제도와 전국시대 각국

의 제도를 기록한 유교 경전. 『예기(禮記)』, 『의례(儀禮)』와 함께 삼례(三禮)로 일컬어지며, 당대(唐代) 이후 13경(十三經)의 하나로 포함되었다.

3) 以禮爲樂(이례위악): '예로써 악을 행한다'라는 뜻이다. 악(樂)을 행할 때도 예(禮)에 맞게 해야 함을 의미한다. 옛날에는 천자의 악과 제후나 대부의 악도 차이가 있었다. 그 차이와 절차를 규정한 것이 악(樂)에 관한 예(禮)이다.

4) 以樂爲射(이악위사): '악으로써 활쏘기를 행한다'라는 뜻이다. 사례(射禮)는 활쏘기에 관한 예(禮)이다. 이 사례를 행할 때에는 악례(樂禮)에 합당한 악(樂)이 병행한다는 뜻이다. 물론 음주(飮酒)도 그 속에 포함되었다.

5) 謂之六藝之三也(위지육예지삼야): 활쏘기는 육예 가운데 하나지만, 위에서 설명한 바와 같이 예와 악으로 활을 쏠 때는 육예 가운데 활쏘기 외의 또 다른 두 과목인 예와 악이 함께 어울려 있다는 말씀이다.

3 범례로서 정(丁) 자도 팔(八) 자도 아니게 한다는 말은 서는 자세에서 발의 모양을 가리키는 것이며, 가슴을 허하게 하고 배를 실하게 한다는 말은 몸자세를 바르게 함을 논한 것이며, 먼저 산의 형세를 살핀다는 말은 표를 올리고 내릴 수 있어야 한다는 뜻이며, 다음으로 바람의 방향과 세기를 관찰한다는 말은 내부의 힘을 더하고 줄일 수 있어야 함을 뜻하는 것이다. 〈규구방원(規矩方圓)〉에서 규구(規矩)는 본

래 그림쇠(컴퍼스)가 원을 그리고, 곡척(직각자)이 직각을 그리는 것을 말한다. 또한 사법에서 전원후방(前圓後方)이라고 한 것은 원(圓)은 규(規)가 되고 방(方)은 구(矩)가 되며, 앞 팔은 건(乾)이 되고 뒤 팔은 곤(坤)이 되어 천지인 삼도(三圖)가 응하는 것으로 보기 때문이다. 활쏘기로 덕을 관찰하는 것에서 덕은 도를 행하는 것이다. (덕이) 사시의 왕성한 기운을 얻어 사시에 행해지면, 이렇게 사시에 행해지는 덕이 곧 인의예지와 같다. 사예의 본체도 이와 같을 따름이다.〉

※ 이상 〈 〉 안에 있는 글은 원문 할주(割註)의 번역문이다. 할주는 앞으로도 〈 〉 안에 본문보다 조금 작은 글자를 사용할 것이다.

◎ 활쏘기의 6가지 법도 가운데, 범례에 관한 설명이다. 이는 실제 활쏘기에 있어서의 개략적 원칙이라고 보면 되겠다.

第(제)凡例(범례)로 非丁非八者(비정비팔자)는 足容所立者也(족용소립자야)요, 胸虛腹實者(흉허복실자)는 論以正己者也(논이정기자야)요, 先察山形者(선찰산형자)는 能表昇降者也(능표승강자야)요, 後觀風勢者(후관풍세자)는 能裏加減者也(능리가감자야)니라. 〈規矩方圓者(규구방원자)에 規矩(규구)는 本日規圓矩方(본왈규원구방)이니라. 又射法(우사법)으로 曰 前圓後方(왈전원후방)하면, 則圓爲規(즉원위규)요 方爲矩(방위구)며, 前爲乾(전위건)이요 後爲坤(후위곤)이니, 應擧天地人三圖(응거천지인삼도)니라. 觀德於射(관덕어사)에 德者(덕자)는 行道(행도)니, 有得四時旺氣(유득사시왕기)하여 德行於四時(덕행어사시)면, 則四時之行(즉사시지행)이 惟仁義禮智(유인의예지)니라. 射體(사체)도 如斯耳(여사이)니라.〉

6) 先察山形者(선찰산형자) 能表昇降者也(능표승강자야): 산의 형세(지형)를 살피는 이유가 표를 올리고 내리기 위함이라는 말씀에 어떤 뜻이 들어 있는지 깊이 생각해 볼 필요가 있다.
7) 後觀風勢者(후관풍세자) 能裏加減者也(능리가감자야): 바람의 기세를 관찰하는 것은 내부의 힘(기운)을 더하고 줄일 수 있어야 함이라는 말씀도 깊이 음미할 필요가 있다.

※『정사론』의 거궁과 개궁
『정사론』 1편에서는 사법의 규구법도(規矩法度)를 논하면서 거궁 시 앞 팔 모양을 규(規), 뒤 팔 모양을 구(矩), 활을 여는 동작인 전거(前擧)와 후집(後執)을 합쳐서 법(法), 음주하며 활 쏘는 주(周)나라의 예를 도(度)라고 하였다. 規(규), 矩(구), 法(법)을 도표로 정리하면 다음과 같다.

구분	방향	내용	규구법도	모양	비고
거궁 (자세)	앞	전거정원 (前擧正圓)	규(規)	완전히 동그란 동그라미	規(규): 그림쇠 (컴퍼스)
	뒤	후거집방 (後擧執方)	구(矩)	직각	矩(구): 곱자 (직각자)
개궁 (동작)	앞	전거 (前擧)	법(法)	경 (經: 날줄)	전거후집을 작포(作布) 라고도 함
	뒤	후집 (後執)		위 (緯: 씨줄)	

활을 당길 때 앞 팔은 날줄로 내려오고, 뒤 팔은 씨줄로 물러나니 마치 베(직물)를 짜는 것과 같다고 하여 개궁 동작을 작포(作布)라고 한다. 발시 동작도 역시 베를 짜는 동작으로 표현했는데 그 구절이 동병상직(同竝相織)이다.

제2편
조화를 부리는 3개의 관절

1 좌우의 팔에는 각기 3개의 관절(삼절)이 있으니, 손과 아래팔 사이에 인대와 힘줄이 있는 손목이 하나의 관절이고, 팔꿈치뼈와 팔오금 잔주름 사이가 인대와 힘줄로 연결되어 굴곡진 곳이 또 하나의 관절이며, 위팔뼈의 굵은 윗부분과 (견갑골의 오훼돌기인) 오두 사이가 인대와 힘줄로 연결되어 굴곡진 곳이 또 하나의 관절이다. 이렇게 뼈가 인대와 힘줄로 연결된 3개의 관절에는 서로 짝을 이루어 활과 시위의 조화를 부리는 이치가 있다. 〈견박(肩髆)은 어깨의 대죽을 말한다. 잔부(殘膚)는 팔의 잔살을 말한다. 굉(肱)은 팔의 구미를 말한다. 무예의 언어로는 대죽, 잔살, 구미, 이렇게 3가지 이름으로 부른다. 위팔과 아래팔이 구부러지는 부위인 팔꿈치 관절의 안쪽 잔주름이 있는 윗부분은 음(陰)이고, 아래쪽 부분은 양(陽)이다. (견갑골과 위팔뼈가) 서로 접하여 이어진 곳에 있는 오두(烏頭)는 어깨뼈 관절이 있는 곳을 말하는데, 팔뚝 머리의 안쪽에 있는 어깨뼈를 오두라 한다.〉

第二(제이)
　左右之臂(좌우지비)에 各有三節者(각유삼절자)하니, 次(차) 手(수)와 腕(완)의 兩間肯綮(양간긍경) 手項(수항)을 曰節(왈절)이요, 次(차)肘上臂中肱骸(주상비중굉해)와 殘膚之兩間肯綮(잔부지양간긍경) 屈曲(굴곡)을 曰節(왈절)이요, 次(차)臂上肩髆(비상견박)과 大軱髃烏頭之兩間肯綮(대고우오두지양간긍경) 屈曲(굴곡)을 曰節也(왈절야)니라. 此肯綮三節者(차긍경삼절자)는 以其配偶(이기배우)하여 之於弓弦造化之理也(지어궁현조화지리야)니라. 〈肩髆(견박)은 云肩之大竹也(운견지대죽야)니라. 殘膚(잔부)는 云臂之殘殺也(운비지잔살야)니라. 肱(굉)은 云臂之求味也(운비지구미야)니라. 武語(무어)로 云(운)하되, 大竹殘殺求味三者也(대죽잔살구미삼자야)니라. 肱與殘膚肘上臂下兩間屈曲處(굉여잔부주상비하양간굴곡처) 殘膚有間上(잔부유간상)은 陰也(음야)요, 求味有間下(구미유간하)는 陽也(양야)니라. 相接綠屬處烏頭(상접록속처오두)는 云肩髆節處(운견박절처)로 臂頭內膊(비두내박)을 曰烏頭(왈오두)니라.〉

1) 次(차): 제1편에 나온 第(제)와 마찬가지로 여러 가지 사항에 대하여 순서에 따라 말할 때 관습적으로 쓰는 글자이다.
2) 肯綮(긍경): 肯(긍)은 뼈와 뼈 사이를 잇는 인대(靭帶, ligament)이고, 綮(경)은 근육이 굳은 형태로 뼈에 붙는 조직인 힘줄(tendon)을 말한다.
3) 肘上臂中(주상비중): '팔꿈치 위의 팔 가운데서'라는 뜻이지만 뒤에 나오는 肱骸(굉해: 팔꿈치뼈)의 위치를 설명하는 말에 불과하므로 굳이 번역을 하지 않는 것이 자연스럽다.
4) 肱骸(굉해): 팔꿈치뼈를 가리킨다. 팔꿈치는 위팔뼈와 아래

팔뼈가 만나 관절을 이루고 있는 부분으로 위팔뼈는 하나이고 아래팔뼈는 두 개로 되어 있는데 요골(橈骨)과 척골(尺骨)이다.

5) **臂上肩髆(비상견박)**: 글자 그대로는 '팔뚝 위의 어깨뼈'이지만, 할주(割註)에서도 설명하듯이 위팔의 가장 윗부분을 가리킨다. 사예 용어로는 '대죽(大竹), 죽머리'라고도 하며, 위팔뼈머리 부분을 가리킨다.

6) **大軱髃(대고우)**: 어깨뼈, 또는 견갑골이라고 한다. 등의 위쪽에 있는 한 쌍의 뼈로 몸통의 뒤쪽과 팔을 연결하는 역삼각형의 넓적한 뼈이다. 이 뼈의 위쪽에 앞쪽 바깥을 향해 까마귀 부리 모양으로 튀어나온 뼈인 오훼돌기가 있고, 그 아래에 접시처럼 얕게 오목한 부분인 관절오목(glenoid cavity)이 있다.

7) **烏頭(오두)**: 위에서 설명한 오훼돌기(coracoid process)가 곧 오두(烏頭)이다. '오구돌기, 부리돌기'라고도 하는데, 오훼돌기에는 위팔의 운동에 절대적 기능을 하는 상완이두근의 단두인 오훼완근(부리위팔근)과 소흉근(작은가슴근)의 뿌리인 힘줄(tendon)이 붙어 있다. 이 오두의 아래에는 견갑골의 관절오목(접시오목)이 있어서 활을 당길 때 이 관절오목이 위팔뼈머리를 지탱한다. 견갑골의 관절오목을 포함한 오두 부분이 중요한 이유는 몸통의 회전 운동을 팔의 직선 운동으로 바꾸어 주는 곳이기 때문이다. 특히 『정사론』의 개궁과 발시는 추사전신(推射轉身: 몸통의 회전력을 직선의 힘으로 바꾸어 활을 밀고 당기면서 쏘는 것)의 법식을 사용하

므로 오두가 낮아진 상태를 매우 중시한다. 오두를 낮추어 견갑골을 똑바로 펴서 갈비뼈와 직선이 되게 해야 하며 척추도 똑바로 펴야 한다. 특히 척추가 곧아야 추사전신이 제대로 이루어진다.

8) **大竹殘殺求味(대죽잔살구미):** 大竹(대죽)은 위팔의 머리 부분으로 어깨의 바깥 부분을 가리킨다. '죽머리'라고도 한다. 殘殺(잔살)은 팔꿈치의 안쪽 부분으로 구부리면 잔주름살이 생기는 곳이다. 求味(구미)는 팔꿈치를 말한다.

제3편
온 정성으로 바른 마음에 도달

1 과녁을 쏘되 쏜 화살이 모두 과녁의 중심에 집중되도록 하려면 반드시 온 마음으로 온 정성을 다해야 한다. 몸과 마음과 성품을 다스려 이를 지키고 보전하는 굳건한 마음을 정성이라 하며, 작은 것을 크게 보며 기회를 기다리는 올바른 마음을 정성이라 하며, 멀고 가까운 것을 헤아리고 형세를 살피는 여유로운 마음을 정성이라 하며, 줌통을 쥐는 앞 손의 엄지, 검지와 가운뎃손가락으로 줌통을 헤아리며 자세히 살피는 마음을 정성이라 하며, 양팔을 들어 올릴 때 앞뒤 팔의 팔오금을 동시에 올려 (양팔의 이어진 모양이 머리 위에서) 하늘을 가로지른 것처럼 하면서, 앞 팔을 원의 모양이 되게 하고 뒤 팔을 직각 모양이 되게 살피는 마음을 정성이라 하며, (견갑골의 오훼돌기인) 오두를 안정시켜 활의 힘이 주로 오두에 실리게 하려는 마음을 정성이라 하며, 뒤 손으로 잡은 깍지를 오늬자리 밑에 긴밀하게 끼우되 교묘하게 늦추어 이를 그대로 유지하려는 마음을 정성이라 하며, 깍지 손가락으로 깍지를 떼고 난 다음에도 깍지를 떼려는 뜻과 마음이 더욱 가득 차도록 하는 것을 정성이라 한다.

第三(제삼)

射侯(사후)의 畵布整齊(화포정제)에 須有十心十精者(수유십심십정자)하니, 統體心性者(통체심성자)하여 守支堅心(수지견심)을 曰精(왈정)이요, 示小如大(시소여대)하며 望機正心(망기정심)을 曰精(왈정)이요, 酌量遠近(작량원근)하고 察形寬心(찰형관심)을 曰精(왈정)이요, 以前擧弝之拇二指三指(이전거파지무이지삼지)로 試弣占心(시부점심)을 曰精(왈정)이요, 次(차)擧之兩臂之際(거지양비지제)에 前後節觥殘膚者(전후절굉잔부자)를 同擧(동거)하여 橫天方圓卜心(횡천방원복심)을 曰精(왈정)이요, 次(차)肩髆烏頭者(견박오두자)로 定主載心(정주재심)을 曰精(왈정)이요, 次(차)後執決持者(후집결지자)를 比來密夾(비래밀협)하되 巧肆仍心(교사잉심)을 曰精(왈정)이요, 次(차)決指者(결지자)로 旣臻射決(기진사결)이라도 滿志益心(만지익심)을 曰精也(왈정야)니라.

1) 畵布整齊(화포정제): 畵布(화포)는 솔포(베로 만든 과녁)의 중심에 그려진 사각형 모양의 그림 부분을 말한다. 오늘날 과녁으로 보면 홍심에 해당한다. 삼베(布) 과녁(侯)의 가운데 그림을 그린 것(畵布: 화포)이 正(정)이고, 가죽을 붙인 것(棲皮: 서피)이 鵠(곡)이다. 整齊(정제)는 쏜 화살이 모두 과녁의 중심부에 집중되어 꽂히는 것을 가리킨다.

2) 十心十精(십심십정): 십분(十分)의 마음과 십분(十分)의 정

성. '온 마음과 온 정성'이라고 번역한다. 精(정)은 '정밀하다, 세밀하다'는 뜻으로 사용되었다. 활쏘기의 모든 동작이 매우 정밀하면서도 늘 한결같아야 함을 뜻한다. '정성'이라고 번역한다.

3) **拇二指三指(무이지삼지) 試弣占心(시부점심):** 매번 일정하게 줌통을 쥐지 않으면 줌손의 힘과 방향이 달라지고, 이에 따라 발시가 일정해지지 않기 때문에 이를 강조하셨다. 줌통을 잡을 때 기준이 되는 손가락이 엄지와 검지, 중지임을 밝힌 것인데, 약지와 소지는 그에 따라 합당하게 위치시키면 된다. 줌통을 잡는 손가락의 표준을 말한 대목이다.

4) **橫天方圓卜心(횡천방원복심):** 橫天(횡천)은 거궁 자세를 만들 때, 양팔을 머리 위까지 높이 올려 양팔의 이어진 모양이 하늘을 가로지른 것처럼 하라는 뜻이고, 方圓(방원)은 그 상태에서 앞 팔은 원의 모양, 뒤 팔은 직각의 모양이 되게 하라는 뜻이다. 卜心(복심)은 마음으로 헤아린다는 뜻이다.

5) **肩髆烏頭(견박오두):** 肩髆(견박)은 견갑골, 烏頭(오두)는 견갑골의 오훼돌기(오구돌기, 부리돌기)이다. 오두가 활의 힘을 지탱하도록 마음을 쓰면 자연히 견갑골의 관절오목과 위팔뼈머리가 올바르게 연결된다.

6) **後執決持者(후집결지자):** 여기서 決은 '깍지'라는 뜻이고, 이 구절은 도치된 빈어구로 '뒤 손으로 잡은 깍지를'이라는 뜻이 된다.

7) **比來密夾(비래밀협):** 여기서 比는 '오늬'라는 뜻이다. 오늬는

화살을 시위에 걸기 위해 화살 뒤쪽 끝을 오목하게 에인 곳을 말한다. 따라서 이 구절은 '오늬가 있는 곳에 긴밀하게 끼우되'라는 뜻이 된다.

8) 巧肆仍心(교사잉심): 여기서 巧肆(교사)는 교묘하게 살짝 늦춘다는 뜻이다. (肆의 훈음은 '늦출 사'이다.) 앞 구절에서 깍지를 긴밀하게 끼운다고 말했다고 해서 이를 과도하게 해석하여 너무 빡빡하게 끼우지 말라는 뜻이다. 仍心(잉심)은 '그 상태를 그대로 따르는(유지하려는) 마음'이라는 뜻이다.

9) 旣臻射決(기진사결) 滿志益心(만지익심): 깍지를 떼어 화살이 나간 후에도 발시 전 힘의 쓰임을(그 마음을) 계속 유지하라는 뜻이다.

2 이렇게 온 마음과 온 정성을 다하는 도리는 오로지 활을 올곧게 쏘는 것과 관계가 있다. 활을 올곧게 쏘는 도리를 스스로 온 정성을 다해 행한다면 온 마음이 온 정성과 합치되어 몸가짐이 바르게 될 것이며, 바르게 된 몸가짐으로 마음가짐도 바르게 할 수 있을 것이다. 이 도리야말로 일관된 사법의 이치이다. 훌륭한 궁사는 법도를 갖추어 화살을 보낸 결과(사법의) 도리를 깨닫는다. 이렇게 도리를 깨닫는 것은 스스로가 생각하여 묘리를 깨닫는 것이며, 이렇게 묘리를 깨닫는 것은 각자가 스스로 깨닫는 것이니, 이는 궁사 자신의 마음과 뜻 가운데에 도모하는 바를 구하고자 하는 의지가 있기 때문이다.

此十心十精之道(차십심십정지도)는 係於直射而已(계어직사이이)라. 直射之道(직사지도)를 自由十精(자유십정)이면 則十心接精(즉십심접정)하여 以己爲正(이기위정)하고 以正爲心(이정위심)이니, 其道(기도)는 一貫而射之理也(일관이사지리야)니라. 夫善射(부선사)는 縱送(종송)에 具法(구법)하여 得道者也(득도자야)며, 以之得道者(이지득도자)는 自思妙得者(자사묘득자)요, 以之妙得者(이지묘득자)는 各自所得者也(각자소득자야)니, 此(차)는 自己之心志中(자기지심지중)에 所求其謀者也(소구기모자야)니라.

10) 直射(직사): 올곧게(올바르고 정직하게) 활을 쏨.
11) 自由十精(자유십정): 스스로 온 정성으로 행함. 由의 훈음은 '행할 유'로 능동적으로 행한다는 의미이다. 즉 행위의 능동성이 강조된 행함이다.
12) 縱送(종송): (활을) 쏘아서 보냄. 여기서 縱은 '쏘다, 놓다'라는 뜻이다.
13) 得道者也(득도자야): '도리를 깨닫는 것이다'라는 뜻이다.

제4편
나무활과 큰활로 연습하는 법

 1 활쏘기를 배우는 방법으로 (나무활인) 궁후로 훈련하게 한 것은 〈궁후를 비록 활의 이름으로 사용하지만, 궁후라는 말이 본래의 뜻으로 사용되지 않게 된 후에 이르러 이렇게 활의 이름으로 일컬어지게 되었을 뿐이다.〉 옛날의 법도에서 유래한 것이다. 이는 사람마다 그 바르지 못한 것을 바르게 하는 데 힘쓰도록 하려 함이었다. 우리나라의 위엄 있는 무예는 이렇게 훈련하여 몸을 바르게 하였으니 이는 무가(武家)의 변함없는 법도이다. 옛날 사람들이 우스개로 "궁후를 가지고 3년을 훈련해 보고 난 다음에야 정궁(定弓)을 잡게 한다"라고 한 말씀이 있다. 정궁은 큰활이라고도 부르는데, 큰활은 철전을 쏘는 데 사용하고, 철전의 무게는 여섯 냥이다.

第四(제사)
 學射之法(학사지법)에 使以習於弓後(사이습어궁후)는 〈弓後(궁후)를 雖曰弓名(수왈궁명)이나, 去遺其前用(거유기전용)하니, 當其後(당기후)에 曰謂弓後耳(왈위궁후이)니라.〉 由來古規也(유래고규야)니, 務使人人正其不正也(무사인인정기부정야)니라. 我東威武者(아동위무자)는 習於斯(습어사)하여 正於己(정어기)니 武家之恒規也(무가지항규야)니라. 古人之諷言(고인지풍언)에 "試其弓後三年之後(시기궁후삼년지후)에 施之定弓也(시지정궁야)"라 하니, 定弓者(정궁자)는 巨弓也(거궁야)요, 巨弓者(거궁자)는 鐵箭也(철전야)요, 鐵箭者(철전자)는 六兩也(육냥야)니라.

1) 弓後(궁후): 나무활의 일종으로 약하면서도 민감하지 않은 활로, 『정사론』에서는 처음 활을 배우는 사람들이 반드시 이 활로 궁체를 잡아야 한다고 강조했다. 어떤 활인지 알 수는 없으나, 활을 배울 때 연하고 탄력이 좀 떨어지는 활로 궁체를 잡아야 한다는 것만 이해하면 되리라고 본다.
2) 諷言(풍언): 본래 의미는 '풍자하여 말함'이지만 문맥상 '과장한 우스갯말'이라고 해석할 수 있다.
3) 定弓(정궁): 무과 시험에 사용하던 활로 철전을 쏘는 활이다. 일반 활에 비해 훨씬 크고(각궁 평균 120cm, 정량궁 168cm), 세기도 훨씬 세었다. 무과 시험에서 철전은 일반 활이 아니라 이 활로 쏘았는데, 맞히는 것보다 멀리 보내는 것을 기준으로 평가하였다.

※ 원사법(遠射法)과 근사법(近射法)

우리 활 사법은 본래 원사법으로 과녁을 맞히는 것보다 멀리 보내는 데 중점을 둔 것이고, 현재의 양궁 사법은 근사법으로 과녁을 정밀하게 맞히는 데 초점을 둔 것이다. 근사법은 바람의 영향, 활의 세기와 관계없이 선수의 기량에 따라 성적을 낼 수가 있다.

따라서 공평한 게임이 될 수 있다. 그러나 원사법인 국궁은 바람의 영향이 커서 선수가 활을 쏠 때마다 다르고(이러므로 기량 못지않게 운이 어느 정도 따르게 된다) 과녁도 매우 멀리 있어 약한 활을 쏘는 선수가 불리하다. 이리하여 우리 활은 기록 경기의 관점에서는 양궁보다 공평하지 못한 점이 있다. 바람이 부는 날 기골이 장대한 궁사가 60호 이상의 강궁에 화살촉으로 과녁을 겨누고 시위를 똑 떼는 경우와 체격이 작고 힘이 약한 궁사가 40호의 약한 활로 하늘 높이 쏘아 올리는 경우에서 과녁을 많이 맞히는 숫자는 비교가 가능하겠으나, 활 쏘는 기량을 비교하기는 어렵다. 권투에서 헤비급과 팬텀급 선수는 경기가 되지 않는 것과 비슷하다. 여성부의 경우에도 과녁 거리를 120보가 아닌 90보(108m) 정도로 조정하고, 활터에 여성용 과녁을 배치하면 좋겠다.

2 무예로서의 사예를 위해 (활을) 잡은 자가 처음부터 큰활(정궁)로 훈련한 다음 유엽전을 연습하려면, 우선 육량전(큰활) 쏘던 원칙을 본받아야 한다. 이는 (육량전을 쏘아서 생긴) 등골의 강한 힘을 이용할 수 있기 때문이다. 그러므로 육량전 쏘기를 취한 것이니, 그 여력으로 유엽전이나 편전을 같은 방법으로 쏘는 것이다. (적진에) 격문을 보내기 위한 활 쏘기도 정궁을 쏘는 재능과 관계가 있다. 철전을 쏘는 위력을 가지고 유엽전 쏘기를 분명하게 훈련하는 것 이 모두가 등골의 강한 힘을 사용하기 위함이다.

◎ 무과 시험을 보기 위해 큰활(정궁)을 훈련했던 사람이 유엽전 연습을 할 경우에 육량전(철전) 쏘는 원칙(정궁을 쏘는 원칙)을 본받아야 한다는 위의 내용은 유엽전의 사법을 기술한 『조선의 궁술』 교범 편에 나오는 사법과 관련하여 의미가 있다. 즉 유엽전을 쏘는 것도 육량전(철전)을 쏘는 원칙을 본받아야 한다는 말씀이니, 철전사법과 유엽전 사법이 원칙적으로 다르지 않다는 점을 여기서 확인할 수 있기 때문이다. 다만 활의 크기와 세기, 사거리 등에서 차이가 있으므로 이에 따른 세부적인 차이는 있을 수 있다.

武以射藝而擧之者(무이사예이거지자)가 **元擧巨弓然後(원거거궁연후)**에 **次試柳葉(차시유엽)**이면 **則先法六兩之原者(즉선법육냥지원자)**니, **以取膂力矍鑠者(이취여력확삭자)**니라. **故(고)**로 **取其六兩也(취기육냥야)**며, **其餘(기여)**로 **柳片趨弓(유편추궁)**이니라. **檄書之射(격서지사)**도 **係於定弓之材(계어정궁지재)**니라. **拱其鐵箭之威(공기철전지위)**하여 **使其明試之柳者(사기명시지류자)**는 **皆可以謂膂力(개가이위여력)**이니라.

4) **武以射藝(무이사예)**: 선비들이 수신(修身)을 위해 활을 쏘는 것이 아니라, 무관(武官)이 되기 위해(무과에 합격하기 위해) 활을 쏘는 것을 말한다.
5) **巨弓(거궁)**: 定弓(정궁)의 다른 이름인 '큰활'을 한자로 표현한 것.

6) **試柳葉(시유엽)**: 유엽전 쏘기를 훈련(연습)한다는 뜻이다. 試(시)의 주된 의미는 '시험하다'이지만, 『정사론』에서는 주로 '연습하다, 훈련하다', '살피다, 헤아리다' 2가지의 의미 중 하나로 사용된다.

7) **膂力(여력)**: '등골의 힘'이다. 등골의 힘을 이용하여야 『정사론』에서 말하는 推射轉身(추사전신)이 가능해진다. 등골이 몸통 회전의 축이기 때문이다. 등골이 휘어진 자세로는 올바른 추사전신의 사법이 어렵다.

8) **趨弓(추궁)**: '같은 방법으로 활을 쏘다'라는 뜻이다. 趨(추)의 훈음은 '따라서 행할 추'이다.

9) **矍鑠(확삭)**: 기력이 정정함. 근육의 힘과 기운이 강성함.

10) **檄書之射(격서지사)**: 적진(敵陣)에 격서(격문)를 보내기 위한 활쏘기이다. 이때 사용하는 화살을 細箭(세전) 또는 '가는 대'라고 하였다. 격서를 보내는 활쏘기 시험은 280보 밖에 푸른 장막을 치고 넘기는 것만을 평가하였다. 280보면 약 340m 정도 된다. 이익의 『성호사설』「만물문(萬物文) 목노천보(木弩千步)」에 "당태종의 눈을 맞춘 유시(流矢)가 세전이었을 것이며, 이것은 지금도 군중(軍中)에 있는데 400보를 능히 나가며 나가는 힘은 세지 않지만 눈을 맞추면 능히 상하게 할 수 있다"라는 기록이 있다.

11) **材(재)**: 재능, 재주, 수완

12) **拱(공)**: 두 손을 마주 잡다. 가지다. 잡다.

3 그러므로 위엄 있는 무예가 사해에 그 이름을 떨치는 것이 국가 간성의 요체가 되고 나라를 방비하고 평화롭게 다스리는 도리가 된다. 이리하여 옛말에 이르기를 "문과 무를 동시에 사용하는 것이 (나라를) 장구하게 유지하는 방책이다"라고 하였다.

故(고)로 爲號威武者(위호위무자)가 施彌四海(시미사해)하면, 則爲國家干城之要也(즉위국가간성지요야)며 備國家治平之道也(비국가치평지도야)니라. 故(고)로 古語(고어)에 云(운)하되, "文武竝用(문무병용)이 長久之術也(장구지술야)"라 하니라.

13) 文武竝用(문무병용) 長久之術也(장구지술야): 『사기(史記)』「역생육가(酈生陸賈) 열전(列傳)」에 나오는 구절이다. 육가가 한고조(유방)와의 대화에서 한 유명한 말이다.

제5편
골절 힘의 순조로운 길을 따라서

1 (정궁으로) 여섯 냥의 화살(철전)을 쏘는 도(道)는 (활을 열 때) (앞 팔을 들어 올리며 미는) 전거(前擧)를 법(法)으로 삼고, (뒤 팔을 내리 누르며 붙잡아 당기는) 후집(後執)을 도(道)로 삼는다. (이에) 활을 가르치는 자는 골절 힘의 순조로운 길을 가르쳐야 하니, 그것은 곧 어깨를 낮추어서 어깻죽지로 활을 밀고 당기며 여는 것이다. 앞 팔을 지탱해 주는 견갑골을 (올바로) 자리 잡게 하여, 오두가 활의 힘을 지탱하게 하되, (어깨) 낮추는 것을 살펴야 한다.

◎ 막막강궁인 정궁으로 여섯 냥의 화살을 쏘는 것은 매우 어려우니, 골절의 기세를 중시하지 않을 수 없었을 것이다. 어깨를 낮추어서 위팔뼈와 견갑골이 올바르게 맞물리게 한 다음, 어깻죽지로 밀고 당기는 것이 곧 골절의 기세를 이용하는 것이며, 강궁을 당기는 데 반드시 해야 할 일이었을 것이다.

第五(제오)
六兩之道(육냥지도)는 以擧爲法(이거위법)하고 以執爲道也(이집위도야)니라. 師者(사자)는 治之骨節所道(치지골절소도)하니, 肩之所踏(견지소답)하여 髆之所履(박지소리)니

라. 髃骨之所居(우골지소거)하여 烏頭之所支(오두지소지)하되 所墮之所料也(소타지소료야)니라.

1) 肩之所踏(견지소답): 직역하면 '어깨가 밟혀지게 하다'가 된다. 즉 어깨를 밟아 내리듯이 낮추라는 뜻이다. 이렇게 해야 위팔뼈(상완골)와 어깨뼈(견갑골)가 올바르게 연결되어 강한 활의 힘을 지탱할 수가 있다. 문단 말미에 나오는 墮(타: 떨어뜨리다, 낮추다)는 이 肩之所踏(견지소답)이라는 구절을 단 하나의 글자로(『정사론』의 용어로) 채택한 것이다.
2) 髆之所履(박지소리): 髆(박)은 어깻죽지 뼈(견갑골)인데, 여기서는 어깻죽지를 가리킨다. 履(리)의 훈음은 '행할 리'로 활을 '밀고 당김'을 동시에 한다는 뜻이다. 따라서 이 구절은 '어깻죽지로 활을 동시에 밀고 당기다'라는 뜻이 된다. 앞으로 나올 문장에서 履(리)라는 글자가 단독으로 쓰일 때는, 경우에 따라 '밀고 당김' 또는 '어깻죽지로 동시에 밀고 당김'의 뜻으로 해석해야 한다. 상당히 여러 번 나오게 될 중요한 단어이다.
3) 髃骨之所居(우골지소거): 髃骨(우골)은 어깨뼈, 즉 견갑골이다. 앞 팔의 힘을 충분히 운용하기 위해서는 견갑골이 확고하게 자리 잡아야 한다. 견갑골이 확고하게 자리를 잡음으로써 견갑골의 관절오목이 앞 팔을 통해 들어오는 활의 힘을 충분히 지탱할 수 있게 된다.
4) 烏頭之所支(오두지소지): 견갑골의 관절오목이 위팔뼈머리

를 통해 들어오는 힘을 굳건하게 받쳐 주어야 앞 팔이 굳건해진다. 활을 밀며 당길 때 이곳에 힘이 집중되기 때문이다. 오두는 오훼돌기인데, 오훼돌기로 지탱해 준다고 마음을 먹으면 자연히 관절오목이 위팔뼈머리와 올바로 맞물리게 된다. 오훼돌기에 상완이두근과 소흉근 등의 뿌리가 있어 어깨 관절을 올바르게 지탱해 줄 수 있는 힘이 있기 때문이다.

5) 所墮之所料(소타지소료): 어깨 낮추는 것을 살펴야 한다는 뜻이다.

※ 墮(타)와 履(리)의 개념

앞으로 나올 7편을 이해하기 위해서라도 墮(타)와 履(리)의 개념을 이곳에서 정확하게 이해하고 넘어가야 한다.『정사론』에서는 墮(타)와 履(리)를 독특한 사례 용어로 채택했다. 墮(타: 떨어뜨리다)는 위의 주석에서 설명한 바와 같이 肩之所踏(견지소답: 어깨 낮춤)을 한 글자로 표현한 단어이다. 이 墮(타)가 되어야 활의 힘을 오두(烏頭)로 지탱할 수 있게 되고, 양쪽 어깻죽지로 활을 전거후집하면서(동시에 밀고 당기면서) 개궁하는 효력을 십분 발휘할 수 있게 된다. 즉 타(墮: 어깨 낮춤)는 리(履: 밀고 당김)를 하기 위한 준비 자세(동작)이다.

履(리)는『정사론』에서 개궁 동작을 가리키는 말이다. 흔히 만작을 위해 활을 여는 동작을 '당기다'라는 뜻을 가진 彎(만) 자를 써서 彎弓(만궁)이라고 한다. 이렇게 표현하면 당기는 뒤 팔에만 중점을 둠으로써 밀어 나가며 뻗치는 앞 팔의 기능을 간과하기 쉽다. 『정사론』은 개궁 동작 법식을 '전거와 후집'이라고 규정하며 앞뒤 팔을 동시에 밀고 당기는 것을 핵심으로 한다. 즉 앞 팔을 미리 쭉 펴 놓고 뒤 팔만 당기는 사법이 아니라는 말이다.

따라서 履(리)는 전거와 후집의 이론에 맞는 개궁 동작을 표현하기 위해 彎(만) 자 대신 채택한 것이다. 즉 '밀고 당김을 동시에 하는 개궁 동작'을 표현하기 위해서이다. 履(리)의 개념은 매우 중요하고 이를 정확히 알지 못하면 『정사론』을 이해하기 어렵다.

2 (활을 밀고 당김에 있어) 그 힘이 유래하는 곳을 살피는 것은 그 힘이 유래하는 곳과 서로 응하게 하기 위해서이며, 그 응함을 머무르게 하는 것은 그 응함을 안정시키기 위해서이다. 이렇게 이 모든 것을 살피고 난 다음에야 (활 쏘는 것이) 이치대로 분명하게 이루어진다.

所料之所由(소료지소유)는 所由之所應也(소유지소응야)요, 所應之所停(소응지소정)은 所停之所止也(소정지소지야)니라. 皆可量此然後(개가량차연후)에 明可理治也(명가리치야)니라.

6) 所料之所由(소료지소유) 所由之所應也(소유지소응야): 여기서 料(료)는 '살피다, 헤아리다'라는 뜻이다. 所由(소유)는 밀고 당기는 힘의 유래를 뜻한다. 그 유래의 근원은 등골의 힘(脊力: 여력)이다. 등골의 힘이 견갑골-위팔-아래팔-손

목−손으로 이어지게 된다. 이 등골의 힘이 순리에 따라 쓰여야 함을 앞으로 나올 7편에서 상세하게 설명할 것이다. 이렇게 힘의 유래를 살피는 이유는 모든 힘들이 서로 응하게 하려 하기 때문이다.

7) 所應之所停(소응지소정) 所停之所止也(소정지소지야): 위에서 말한 바와 같이 앞뒤 어깻죽지로 밀고 당김을 동시에 응하게 하여 만작(활을 가득 당김)이 되면 그 당김이 머무르게 된다. 이렇게 만작이 된 상태를 停(정)이라 한다. 이 停(정)의 상태에서 발시를 하기 위해 정밀하게 안정시킨 상태를 止(지)라고 한다.

3 대체로 온전한 활쏘기의 거궁법은 양팔에서 힘을 구하려 하지 않고 다만 양팔을 높이 드는 것이니, 이는 **뼈**에서 (힘을) 기대하고 관절에서 (힘을) 구하고자 함이다. 만약 힘을 쓰는 데 있어서 앞 팔의 팔꿈치를 미리 쭉 펴면 팔꿈치의 근육이 미리 펴지게 되고, 팔꿈치의 근육이 미리 펴지면 팔꿈치의 **뼈**마디가 세력을 잃게 된다. 팔꿈치의 **뼈**마디가 세력을 잃게 되면 활을 가득 열기가 어렵게 되고, 활을 가득 열기가 어렵게 되면 반드시 만작한 상태의 굳건함을 (확보하기) 어렵게 된다. 그러므로 맹자께서 말씀하기를 "(쏘지는 않고 쏘려는 자세만 보여 주어도) **쏘는 방법이 훤하게 드러나니, 이렇게 중도를 따라 가르치면, 능한 자는 따라한다**"라고 하신 것이다. 〈위에 나온 所居(소거), 所支(소지), 所料(소료), 所由

(소유), 所應(소응), 所停(소정), 所止(소지)의 7개 항목은 밀고 당김(전거후집)의 동정을 살피는 것이며, 골절의 강유를 헤아리는 것으로, 조급하게 하려 해서는 안 된다.〉

◎ 1문단의 ※주에서 간략하게 언급하였듯이 『정사론』의 개궁법은 앞 팔의 전거와 뒤 팔의 후집이 동시에 이루어지는 履(리: 동시에 밀고 당김)의 법식을 취한다. 이 문단은 앞 팔을 미리 쭉 펴 놓고 뒤 팔만 당기는 彎(만)의 법식을 취해서는 안 되는 이유를 자세하게 설명하였다.

凡具射(범구사)의 擧弓之法(거궁지법)은 專無求力於兩臂(전무구력어양비)하고 而擧高者(이거고자)니, 骨之所期(골지소기)와 節之所求也(절지소구야)니라. 若力也(약력야)에 先立肘(선립주)하면 則旣立筋(즉기립근)하고, 立筋則骨節失勢(입근즉골절실세)하며, 失勢則難於彎弓(실세즉난어만궁)하고, 難於彎弓(난어만궁)이면 則必難終末之勢(즉필난종말지세)니라. 故(고)로 孟子曰(맹자왈) "躍如也(약여야)하니, 中道而立(중도이립)하면 能者從之(능자종지)라" 하시니라. 〈右(우)의 所居(소거) 所支(소지) 所料(소료) 所由(소유) 所應(소응) 所停(소정) 所止(소지) 七字(칠자)는 察其所履之動靜(찰기소리지동정)하고 度其骨節之强柔(탁기골절지강유)로, 不爲欲速耳(불위욕속이)니라.〉

8) 具射(구사): 갖추어진 활쏘기. 곧 온전한 활쏘기를 말한다.
9) 專無求力於兩臂(전무구력어양비): 양팔에 먼저 힘을 주면 어깨가 굳어져서 원활하게 만작을 하지 못하게 될 것이다.
10) 而擧高者(이거고자): 양팔을 높이 들면 밀고 당기기가(履) 훨씬 쉬워지는 것은 당연하다. 앞 팔은 쭈욱 펴면서 하늘을 받치듯이 높이 들며 나가고, 뒤 팔은 대추나무 가지를 위에서 아래로 잡아당기듯이 하는 것이다.
11) 先立肘(선립주): 앞 팔의 팔꿈치를 미리 쭉 펴 놓고 뒤 팔로만 당기는 것을 말한다. 이렇게 할 경우 어깨에서 팔꿈치와 손목으로 전달되는 힘의 맥락이 끊겨 골절의 힘이 기세를 잃게 된다.
12) 難於彎弓(난어만궁): 여기서 彎(만)은 '활을 당기다'라는 뜻으로 사용된 것이 아니라 '활이 가득 당겨진 상태'를 의미한다. 『정사론』에서는 활을 당기는 동작은 履(리)로 표현하고 가득 당겨진 상태는 彎(만)으로 표현한다.
13) 必難終末之勢(필난종말지세): 위 문단에서 말한 所止(소지: 만작하여 양쪽 힘을 굳건하게 안정시킴)가 이루어지기 어렵다는 뜻이다.
14) 躍如也(약여야) 中道而立(중도이립) 能者從之(능자종지): 『맹자(孟子)』「진심장구(盡心章句)」 41장 끝부분에 나오는 말씀이다. 본래 이 문장이 있는 장(章)은 군자가 남을 가르치는 것을 활쏘기로 비유하여 설명한 것이다. 이 구절은 앞에 있는 문장과 함께 보아야 이해가 가능하다. 원문은 다음

과 같다.

"君子(군자)는 引而不發(인이불발)이나 躍如也(약여야)하니, 中道而立(중도이립)이면 能者從之(능자종지)니라."

이를 자세하게 번역하면 다음과 같다.

"군자가 (사람들을 가르칠 때는) 활을 당겨서 (쏘는 척만 하고) 발시는 하지 않듯이, (그렇게 사람들을 가르친다). (그러나 발시를 하지 않아도 그 동작에 활 쏘는 방법이) 분명하게 나타난다. 이렇게 중도를 세워서 (가르치면,) 재능이 있는 사람은 그대로 따라 할 수가 있다."

躍(약)은 '뛰어오르다'라는 뜻으로 꿩이 숲에 숨어 있다가 사람이 근처에 가면 뛰어올라 날아가듯이, 안 보이던 것이 갑자기 환하게 보이는 상황을 표현한 단어이다. 올바른 거궁 자세를 보는 순간 캄캄했던 활쏘기의 방법이 갑자기 환하게 보인다는 뜻을 매우 적절하게 비유한 인용문이다.

제6편
활을 가득 열어 발시하는 법

 1 활을 가득 열어 그 상태를 유지하면서 발시하는 방법은 다음과 같다. 앞 팔과 뒤 팔을 높고 높게 멀고 멀게 들어서 머리 위에 그려지는 허공의 원에 의지하듯 머리 위에 올려놓은 다음, (이로 인하여 활이) 가득 펴지도록 힘을 다해 활을 모두 열면, 가득 당겨진 (뒤 팔을) 어깨 위의 방정한 곳에 단단하게 붙여 동요가 없도록 한다. 이는 곧 앞 팔은 밀고 뒤 팔은 누르는 방법인데, 앞 팔을 들어 올리며 밀어 나감을 위주로 하면서 (동시에) 뒤 팔을 내리 누르며 붙잡아 당김을 전일하게 하는 것이다.

 ◎ 거궁 자세와 개궁 동작을 간략하면서도 분명하게 설명한 문단이다. 前肱後肱者(전굉후굉자)부터 頭上之所圓(두상지소원)까지가 거궁 자세에 대한 설명이고, 이어지는 因以盡務盡聲(인이진무진성)부터 끝까지가 개궁 동작에 대한 설명이다. 이 문단에 개궁의 방법이 분명하게 제시되었는데, 곧 前推後壓(전추후압)이다. 거궁 자세가 제대로 되어야만 가능한 개궁법으로 이 개궁법이 아니면『정사론』의 개궁법이 아니다.

第六(제육)

持彎放射之法(지만방사지법)은 前肱後肱者(전굉후굉자)를 擧之高高遠遠(거지고고원원)하여 以戴憑虛於頭上之所圓(이대빙허어두상지소원)하고, 因以盡務盡聲(인이진무진성)하여 而以附御觳於肩麼之所方(이이부어구어견마지소방)이니, 則前推後壓(즉전추후압)으로 主擧專執(주거전집)이니라.

1) **持彎(지만)**: 여기서의 彎(만)도 활을 당기는 동작이 아니라 활이 가득 당겨져 있는 상태를 가리킨다. 따라서 持彎(지만)은 퇴촉(당겼던 화살이 다시 토해짐) 없이 '활이 가득 당겨진 상태를 유지하여'라는 뜻이 된다.

2) **因以(인이)**: '이로 인하여' 바로 앞에서 설명한 '거궁 자세로 인하여'라는 뜻이다. 거궁은 그렇게 해 놓고 정작 활을 밀고 당길 때 그 자세가 흐트러지거나 변하면 안 된다는 말씀이다. 활을 밀고 당길 때는 올바로 취한 거궁 자세는 조금의 변동도 없이 그 상태에서 그대로 활을 열어야 한다.

3) **盡務盡聲(진무진성)**: 이 구절부터는 활을 여는 동작을 설명하므로, 이 구절의 聲(성)을 '소리'라는 뜻으로 해석하면 안 된다. 이 구절은 '聲이 盡하도록 務를 盡한다'라고 토를 달 수 있는데, 聲(성)은 『맹자』「만장 편(萬章篇)」 "金聲而玉振之也(금성이옥진지야)"라는 구절에 쓰인 용례와 같이 '펴다, 열다'라는 뜻이다. 따라서 '(활의) 펴짐(聲)이 다하도록(盡) 힘씀(務)을 다하여(盡)'가 된다. 이리하여 그 의미가 다음 구절

에 논리적으로 이어진다.
4) 附御彀(부어구): 附御(부어)는 '붙여서 동요하지 않도록 통제하는 것'을 말하고, 彀(구)는 본래 '활을 가득 당김'이라는 뜻이다. 여기서는 구체적으로 '가득 당긴 팔'을 가리킨다. 가득 당긴 팔을 어깨 위에 단단하게 붙여서 안정시키라는 뜻이다. 흔히 활터에서 '깍지 당기는 팔을 어깨 위에 단단히 걸쳐 메라'라고 하는데, 바로 이런 상황을 가리킨다.
5) 肩麿之所方(견마지소방): 어깨 위의 방정한 곳.

2 이렇게 함으로써 사법의 올바른 도리가 확립되고 몸에서는 음악의 가락처럼 규칙적인 (기운의) 흐름이 형성된다. 그렇게 뒤 팔을 (충실하게) 붙잡고 앞 팔이 (굳건하게) 나아가니 마치 돛단배로 뱃놀이를 하면서 나아가는 것과 같고, 몸은 음률 속에서 노니는 것 같으며, 앞뒤 팔이 열리는 모양이 정성스럽고 법도에 맞는다. 이를 잘 할 수 있는 자는 한층 더 잘 되어 갈 것이며, 이를 잘 따르는 자는 점점 더 진보하게 될 것이다.

◎ 활을 한 발 한 발 쏠 때, 몸에 흐르는 기운이 음악의 가락처럼 율동적으로 아름답고 황홀하게 느껴진다면, 활을 법도에 맞게 쏘았다고 할 수 있다. 활은 하루 종일 쏘더라도 집으로 갈 때는 힘과 기운이 넘쳐서 가야 한다.

因此(인차)로 中道立以節奏求身(중도립이절주구신)이니라. 其能後留前進(기능후류전진)하니 如船遊風帆(여선유풍범)하고 身遊音律(신유음률)하며, 進進忠忠(진진충충)하고 步步則則(보보칙칙)이라. 能乎能者(능호능자)는 起於起(기어기)하고, 從乎從者(종호종자)는 益於益(익어익)이니라.

6) 中道(중도): 활을 쏘는 올바른 도리를 뜻한다.
7) 節奏求身(절주구신): 절주는 본래 음악 용어로 '음의 장단이나 강약 따위가 반복될 때의 그 규칙적 흐름'을 뜻한다. 활로 말한다면 활을 밀고 당김을 비롯한 모든 동작이 음악의 가락과 유사하게 이루어짐을 뜻한다. 외면으로도 그렇지만 내면으로도 기운의 흐름이 그렇게 되어야 한다.
8) 後留前進(후류전진): 뒤 팔은 이미 곡척처럼 굽어진 상태를 유지하면서 후진하고, 둥그렇게 굽어진 앞 팔은 동시에 펴지면서 전진하는 모습을 말한다.
9) 船遊風帆(선유풍범): 船遊(선유)는 뱃놀이를 하는 것이고, 風帆(풍범)은 '돛단배', '돛을 달다'라는 뜻이다. 따라서 이 구절은 '돛단배로 뱃놀이를 하면서 나아감'이라는 뜻이 된다.
10) 身遊音律(신유음률): '몸은 음률 속에서 노니는 것 같으며' 활쏘기의 모든 동작이 단조롭고 획일적이어서 아무런 절주도 없다면, 당연히 내면의 기운도 그와 같이 아무런 절주도 없게 될 것이다. 활쏘기의 바깥 모습인 자세와 동작은 곧 내면에 흐르는 기운의 표현이기 때문이다.

11) 進進忠忠步步則則(진진충충보보칙칙): 이 구절의 進進(진진), 忠忠(충충), 步步(보보), 則則(칙칙)은 모두 연면사(聯綿詞)가 아니다. 따라서 '進하고 進함이 忠하고 忠하며, 步하고 步함이 則하고 則하다'라고 토를 달고, 개궁할 때 앞뒤 팔이 열리는 모양을 형용한 것으로 해석한다.

3 멀리 우주의 무한한 공간을 바라보듯 하여 머리는 닭이 울 때처럼 꼿꼿하게 들고, 목은 쭉 펴 올려서 마치 창(唱)을 하는 사람이 재주껏 다리를 들면서 높은 음을 낼 때처럼 한다. 시위를 넓히며 발시하니 벼락 치는 소리와 함께 여섯 냥의 화살이 낮게 뜨다가 다시금 높게 떠올라 날개를 달고 하늘에 닿을 듯이 날아간다. 이런 기세라면 화살 떨어지는 곳이 그 얼마나 먼 거리인지 헤아릴 수나 있겠는가? 이상은 활을 가득 열어 그 상태를 유지하면서 발시하는 방법이 이와 같음을 말한 것이다. 〈후류전진과 전거후집의 대략적인 내용은 앞 팔이 나가더라도 뒤 팔은 (딸려 나가지 말고 충실하게) 붙잡아 당겨야 한다는 뜻이다. 그러므로 후류전진은 거(擧)를 따르고 집(執)을 따르는 것일 따름이다.〉

遠望宇宙之洪荒(원망우주지홍황)하여 而腦如鳴鷄之聳(이뇌여명계지용)하고, 頸(경)은 躍如(약여) 唱夫之技股升高一聲(창부지기고승고일성)이라. 拓弓弦(척궁현)하니 作霹靂聲(작벽력성)하며 六兩所去(육량소거)가 浮卑以復以浮高(부비

이부이부고)하여 如羽化而亙天(여우화이긍천)이라. 若斯勢(약사세)면 去下處(거하처)가 幾步(기보)리오? 是(시)는 何如而持彎放射之法(하여이지만방사지법)이 如斯哉(여사재)인저! 〈後留前進(후류전진)과 前擧後執之類(전거후집지류)는 前雖進(전수진)이라도 後猶執(후유집)이라, 故(고)로 後留前進進(후류전진)이니 從擧從執耳(종거종집이)니라.〉

12) 腦(뇌): 본래는 '머릿속의 골수'를 뜻하나 여기서는 눈에 보이는 '머리'의 뜻으로 사용되었다.
13) 拓弓弦(척궁현): '활시위를 넓히다'라는 뜻으로 발시 동작을 설명한 구절이다. 발시 순간에도 개궁 동작인 전거후집의 기세는 계속 유지되어야 한다.
14) 前擧後執之類(전거후집지류): 전거후집의 대략. 類(류)는 大略(대략).

※ 拓弓弦(척궁현), 作布(작포), 履(리)

拓弓弦(척궁현)은 발시의 순간에 활을 넓힌다는 뜻이고, 作布(작포)는 활을 열 때 베를 짜듯이 한다는 뜻이며, 履(리)는 활을 열 때 밀고 당김을(전거후집을) 동시에 함을 뜻한다.

제7편
골절의 구조적 성질과 힘의 사용법

1 (활을) 가르치는 방법이다. 만약 골절의 구조적 성질을 알지 못하면, 골절의 순차적 힘을 쓰는 데 무리가 있게 된다. 어깨를 낮추는 것이 골절의 구조적인 성질에 합당하다. 골절의 순차적 힘을 사용하지 않고 활을 밀고 당기거나, 어깨 낮추는 법을 모르고 활을 밀고 당기면 궁사에게 병이 생기게 된다.

◎ 이 편은 활을 밀고 당김(履: 리)에 있어 힘이 사용되는 골절의 올바른 순서를 따라 그 힘을 운용해야 함을 설명한다. 힘은 흐름이다. 흐름에는 근원이 있고 끝이 있으며, 근원과 끝의 사이에는 힘이 흐르는 올바른 경로가 있다. 활을 쏠 때 힘이 올바른 경로를 따르게 하려면, 가장 먼저 해야 할 일이 어깨를 낮추는 것(墮: 타)이라고 설명하신다.

第七(제칠)
爲師之道(위사지도)라. 若不能知其骨節之稟質(약불능지기골절지품질)이면 則骨節所道(즉골절소도)에 無理(무리)니라. 所墮(소타)가 稟質(품질)의 所理(소리)니, 非道所履(비도소리)커나 而不知所墮而履(이부지소타이리)면 則射者成

痼(즉사자성고)니라.

1) **骨節之稟質(골절지품질)**: 稟質(품질)은 '품부된 성질'이라는 뜻이다. 즉 '타고난 천연의 성질'을 말한다. '구조적 성질'이라고 번역한다. 팔꿈치의 골절은 안으로는 굽어져도 밖으로는 굽어지지 않는다. 그러나 어깨의 골절은 전후좌우로 움직일 수가 있으며 원을 그릴 수도 있다. 稟質(품질)은 골절의 그런 구조적 성질을 말한다.

2) **骨節所道(골절소도)**: 골절이 순차적으로 연결된 길인데, 또한 골절 힘이 순차적으로 사용되는 길이기도 하다. 물건을 들어 올릴 때는 먼저 다리에 힘을 준 다음 허리와 등골에 힘을 주고, 이어서 어깨와 팔에 힘을 주어 들어 올리게 된다. 이렇게 순서에 따라 사용하는 힘이 '골절의 순차적 힘'이다.

3) **不知所墮而履(부지소타이리)**: 어깨를 낮추어야 위팔뼈(상완골)와 어깨뼈(견갑골)가 바르게 연결되어 큰 힘을 감당할 수 있게 된다. 어깨를 위로 솟게 하거나 안쪽으로 욱여넣으면 위팔뼈와 어깨뼈가 올바로 연결이 되지 않는다. 이런 상태에서 무리하게 활을 밀고 당기기를 계속한다면 언젠가는 어깨에 병이 생기게 될 것이다. 여기의 墮(타)는 앞의 5편 1문단 주석에서 설명한 바와 같이 肩之所踏(견지소답)이라는 구절을 한 글자로 표현한 것이며, 履(리)도 5편 1문단 주석에서 설명한 바와 같이 '밀고 당긴다'는 뜻이다.

2 활을 가르치는 사람조차 이를 알지 못한다면 (배우는 사람이) 활로 인해 병을 얻게 되니, 활을 가르치는 사람이 없는 것이나 마찬가지가 된다. 그리하여 자세는 (바르지 않게) 변하고 동작도 (나쁘게) 바뀐다. 어깨를 낮출 줄 모르고 활을 밀고 당기면 비록 힘이 장사라도 스스로 자신의 몸을 묶는 꼴이 되고 만다는 것은 이를 두고 한 말이다. 그러므로 여섯 냥 화살을 쏘는 것은 가르치는 사람 없이는 안 되는 일이니 함부로 해서는 안 된다.

師亦不知(사역부지)면 射由痼疾(사유고질)하니 足可無師若(족가무사약)하고 體變形易(체변형역)이니라. 不知所墮而履(부지소타이리)면 則雖曰力士(즉수왈역사)라도 自結縛身者(자결박신자)가 此也(차야)니라. 故(고)로 六兩之射(육냥지사)는 不可無師(불가무사)니 不可妄爲之(불가망위지)니라.

4) **自結縛身(자결박신):** (어깨를 낮추지 않고) 양쪽 어깨를 잔뜩 치켜들고 팔에 힘을 잔뜩 준 상태에서 활을 당긴다면 천하장사라도 활을 만작할 수가 없다. 이런 자세로는 활을 절반도 못 당기고 몸이 굳어져 꼭 멈춰 있게 된다. 그 모양이 마치 몸을 묶어 놓은 것 같다고 하여 이같이 재미있게 표현한 것이다.

3 활을 쏠 때 어깨를 낮추고 밀고 당기더라도 순서를 따르는 것과 따르지 않는 유형이 있다. 즉 골절을 밀고 당기는 것에도 각기 순조로운 것과 거스르는 것이 있다는 말이다. 순조로운 것은 골절 힘이 작용하는 순서에 따라 밀고 당기는 것이고, 거스르는 것은 골절 힘이 작용하는 순서를 거슬러서 밀고 당기는 것이다.

◎ 비록 어깨를 낮추어 견갑골과 위팔뼈가 올바르게 맞물렸다고 할지라도, 골절 힘이 사용되는 순서를 따르는 것과 순서를 거스르는 것이 있다는 뜻이다.

夫射之所履所墮者(부사지소리소타자)에 以其順順(이기순순)과 不順之類(불순지류)니, 骨節所履(골절소리)도 各有順逆者(각유순역자)니라. 順者(순자)는 惟順數而所履也(유순수이소리야)요, 逆者(역자)는 惟逆屬而所履也(유역속이소리야)니라.

4 만약 순서에 따라 (밀고 당겨지는 골절의 힘을) 그 골절의 근원과 상대하게 한다면 그렇게 순조로운 방법은 하기가 쉽다. (그러나) 순서를 거스르면서 (도리어) 골절의 이치를 따르려 한다면 그렇게 거스르는 방법은 하기조차 어렵다. 그러므로 (순서를) 거스르는 자는 번번이 그렇게 함으로써 날이 갈수록 밀고 당김이 원만하지 못하게 되고, (순서를) 따르는

자는 달이 갈수록 그 밀고 당김이 합당하게 되어 (나중에는) 손쉽게 밀고 당길 수 있게 된다.

◎ 골절의 힘을 사용할 때 사용하는 골절 힘의 순서가 있으며, 이를 반드시 지켜야 한다는 설명이다. 몸통(척추)–어깨–팔–손목–손바닥의 순서이다. 이렇게 하면 안에서 솟구치는 기운이 밖으로 분출되면서, 자연스러우면서도 강력한 활쏘기가 이루어진다.

若隨其順數(약수기순수)하여 而客其骨節之原(이객기골절지원)이면 則順之者易也(즉순지자이야)니라. 若隨其逆數(약수기역수)하여 而順其骨節之理(이순기골절지리)하면 則逆之者難也(즉역지자난야)니, 是以(시이)로 逆者(역자)는 數而所履(삭이소리)하여 而日履所方(이일리소방)하고, 順者(순자)는 月履所當(월리소당)하여 略而所履也(약이소리야)니라.

5) 而客其骨節之原(이객기골절지원): '그 골절의 근원을 상대하게 한다'는 뜻이다. 손바닥으로 줌통을 민다고 할 때, 사실은 손바닥으로 미는 것이 아니라 어깻죽지로 미는 힘이 손바닥에 전달되는 것이다. 즉 손바닥의 미는 힘은 그 힘의 근원인 어깻죽지를 상대(客)해서 생긴 것이다. 물론 어깻죽지 힘의 근원은 등골과 허리가 될 것이다. 客(객)은 손님처럼 상대

한다는 뜻이다.
6) 日履所方(일리소방): 날마다 활을 밀고 당김이 원만하지 못하게 된다는 뜻이다. 여기서 方(방)은 '방정하다'라는 뜻이 아니라 '모가 나서 원만하지 못함', 즉 자연스럽지 못함을 뜻한다.
7) 略而所履(약이소리): 간략히(손쉽게) 활을 밀고 당길 수 있다는 뜻이다.

5 만약 밀고 당기되 번번이 골절 힘의 순조로운 길을 거스르면 이를 고치지 못하게 되며, 밀고 당기되 번번이 그 골절 힘의 순조로운 길을 따르면 그 순조로움으로 말미암아 (팔의) 골절들이 (몸의) 안쪽을 향해 (올바로) 세워지고 견갑골이 이를 향해 (올바로) 거두어짐으로써, (활을 쏨에) 그 절주를 다 할 수 있게 된다. 이는 곧 재주가 있든 없든 활쏘기는 그 사람 자신에게 달려 있다는 것이며, (활 배우는 자의) 바르고 바르지 않음을 살피는 것은 활을 가르치는 자에게 달려 있다는 것이다.

◎ 골절의 순차적 힘을 사용하는 것이 원만하게 숙달되면 활을 쏘는 것이 마치 음악을 연주하는 것처럼 생동감이 있게 된다는 말씀이다.

若數而履(약삭이리)하되 逆而不順(역이불순)이면 則不治

也(즉불치야)요, 若數而所履(약삭이소리)하되 而致其順隨(이치기순수)면 其順而內立骨節(기순이내립골절)하고 外收肩胛(외수견갑)하여 全其節奏(전기절주)하리니, 則才與不才(즉재여부재)로 射(사)는 在其人(재어인)하고, 正與不正(정여부정)으로 觀(관)은 在其師(재기사)니라.

8) 內立骨節(내립골절): 여기서 골절은 몸 밖에 있는 팔의 골절들을 가리킨다. 이 팔의 골절들이 안쪽(內)을 향하여 바르게 세워지는(立) 것을 말하는데, 그 안쪽은 당연히 견갑골의 관절오목이다.
9) 外收肩胛(외수견갑): 견갑골은 몸(등의 위쪽)에 있는 삼각형 모양의 뼈. 이 견갑골이 밖(外)을 대하여 바르게 거두어지는(收) 것을 말한다. 밖은 당연히 위팔뼈머리를 비롯한 팔의 골절들이다.
10) 全其節奏(전기절주): 활쏘기의 절주를 온전히 할 수 있다는 뜻으로, 활쏘기가 음악의 가락과 같이 생동미가 있게 된다는 뜻이다.

6 만약 골절의 순차적 길을 지나치게 거스르면서 활을 밀고 당기거나, 순차적 길을 따르더라도 (활의 힘이) 어깨를 낮추어 (지탱하는 힘보다) 훨씬 강하면, 비록 골절의 순차적 길을 따른다 해도 화를 입을 수 있다. 그러니 활을 밀고 당기는 가운데에 병은 감추어져 있는 것이다. 〈위에서 말한 고질은 스

승의 지도 없이 (활을) 밀고 당겨서 골절에 병이 생기는 것이다. 그러니 스승이 없어서야 되겠는가?〉

若不隨順(약불수순)하여 而易過於履(이역과어리)커나 順甚於墮(순심어타)하면, 則順反被禍(즉순반피화)하리니 履中藏痼(이중장고)니라. 〈右의 痼疾(고질)은 無師 (무사)로 所履之痼骨節也(소리지고골절야)니, 足可無師(족가무사)아?〉

11) **易過於履(역과어리)**: 여기서 易(역)은 逆(역)으로, 다음에 나오는 대구(對句) 順甚於墮(순심어타)에서 順(순)과 대(對)를 이루는 위치에 있으므로 대(對)가 되는 '거스르다'라는 뜻이 된다.
12) **順甚於墮(순심어타)**: 이 구절은 '골절의 순차적 길을 따르더라도 그 밀고 당기는 힘이 어깨를 낮추어(墮, 타) 버티는 힘보다 심함'이라는 뜻이 된다.
13) **足可無師(족가무사)**: 이 구절을 글자 그대로 평서문(平敍文)으로 해석하면 앞의 문장과 논리적으로 연결이 되지 않는다. 따라서 반어문(反語文)으로 번역한다. 우리나라 한문에는 가끔 있는 경우이다.

제8편
훌륭한 스승이 활 쏘는 모습

 1 활을 쏘아 진보하는 행태는 마치 물에서 배를 운행하는 것과 같다. 훌륭한 사공은 큰 바다를 자세히 살펴서 마치 평탄한 육지를 다니듯 한다. 바다의 깊고 얕음과 험하고 평탄함이 보이지 않아도 이를 알아서 다닌다. 또한 바람이 불고 멈추는 형세를 통하여 파도가 일어나고 잦아지는 것을 살핀다. 하루의 (일기가) 순조롭거나 불순한 것을 알고 기회를 보아 바다로 나가 순조롭게 다니면서 길을 잃지 않는다. 이렇게 하여 (조조가 양자강에) 배를 띄워 내려가며 창을 빗겨 들고 헤아릴 수 없는 물결을 건너가듯 (웅장한 기상을) 갖게 된다.

 ◎ 육량전을 가르치는 스승의 훌륭함을 설명하기 위해 먼저 훌륭한 사공의 예를 든 문단이다.

第八(제팔)
 作射步度之行(작사보도지행)은 如水之行舟(여수지행주)니라. 舟之良工(주지양공)은 觀其大海(관기대해)하고 如平陸之行(여평륙지행)하며, 行之而知(행지이지) 深淺險易之無形(심천험이지무형)하고, 因形之而知風所據之動靜(인형지이지풍소거지동정)하여 觀其水波之興與不興(관기수파지홍여불홍)이니라. 知其一日之順與不順(지기일일지순여불순)하고 見機而駕(견기이가)하여 隨順而縱(수순이종)하며, 不敢失路(불감실로)하여 而泛舟橫槊(이범주횡삭)이면, 則凌無窮之萬頃(즉릉무궁지만경)이라.

1) 泛舟橫槊(범주횡삭) 則凌無窮之萬頃(즉릉무궁지만경): 이 구절은 소동파(蘇東坡)의 『적벽부(赤壁賦)』를 곧바로 연상하게 한다. 횡삭(橫槊)은 조조(曹操)가 적벽대전을 벌이기 며칠 전 양자강 배 위에서 연회를 베풀며 지은 횡삭부시(橫槊賦試)를 떠올리게 한다. 이 내용이 『적벽부』에 있고, 凌無窮之萬頃(릉무궁지만경)도 『적벽부』의 縱一葦之所如(종일위지소여) 凌萬頃之茫然(릉만경지망연)이라는 구절을 연상하게 한다. 이 구절은 훌륭한 활 스승의 모습이 희대의 영웅 조조(曹操)가 창을 빗겨 들고 양자강을 내려오는 기상과 비견할 만하다는 말씀으로 이해하고 그에 따라 번역한다.

2 육량전 쏘는 법을 가르치는 스승은 훌륭한 사공과 같다. 그가 활 쏘는 모습을 살펴보면, 마치 (사공이) 물의 깊고 얕음, 험하고 평탄한 것을 살피는 것과 같다. 활을 쏨에 있어 유연하게 하고 충실하게 함과 느리게 하고 빠르게 하는 이치를 알고, (활을) 당길 때 (그 힘이) 어디서 오는지를 알며, 무엇 때문에 탈이 생기는지도 안다. 골절이 순조롭게 펴졌는지 아닌지를 살피고, 활을 밀고 당길 때의 기세가 전거와 후집

이 되고 있는지 알며, 기회를 보아 발시하되, (골절의) 순차적 길을 따라 만작한 다음, 실수 없이 온몸의 힘으로 활을 밀고 당기면서 쏘면, 화살이 무궁하게 날아가 천보에도 이른다.

◎ 육량전(칠전)을 쏘는 스승이 활 쏘는 모습을 자세하고도 실감 나게 표현한 문장이다. 문장이 힘차고 유창하면서 아름답다.

六兩之師(육냥지사)는 如舟之良工(여주지양공)이니, 觀其射體(관기사체)하면 見其如水之深淺險易(견기여수지심천험이)니라. 射之而知虛實遲速之理(사지이지허실지속지리)하고, 作之而知由(작지이지유)하며, 何之所祟(하지소수)니라. 觀其骨節之順與不仁(관기골절지순여불인)하고, 知其放勢之擧與不執(지기방세지거여부집)하며, 見機而施(견기이시)하되 隨順而作(수순이작)하여 不敢失手(불감실수)하며 而推射轉身(이추사전신)이면, 則能無窮之千步矣(즉능무궁지천보의)니라.

2) **虛實遲速之理(허실지속지리)**: 허실(虛實)은 『정사론』의 「사론」에서 이미 범례(凡例)의 하나로 흉허복실(胸虛腹實)을 말하였고, 제14편에서는 앞뒤 팔의 힘을 사용함에 있어 유연함과 충실함에 대하여 설명할 것이다. 지속(遲速)은 느리고 빠름인데 곧 활쏘기의 절주(節奏)와 관련이 있다.
3) **作之而知由(작지이지유)**: 作(작)은 전거후집하는 개궁 동작

을 말한다. 전거후집하되 힘이 어디서 오는지를 알아야 한다는 뜻이다. 그 힘은 당연히 골절의 순차적 길을 통해서 옴을 이미 여러 번 강조하였다.

4) **何之所祟(하지소수)**: 祟(수)는 병이나 잘못(탈)이 생기게 하는 원인으로 '빌미 수'가 훈음이다. 이 빌미는 어깨를 낮추지 않는 것과 골절의 순차적 힘을 사용하지 않는 것이라고 이미 제7편에서 자세하게 설명하였다. 祟(수)가 崇(숭: 숭상하다)과 비슷하여 오독(誤讀)하기 쉽다. 제20편에 "不能知其害祟(불능지기해수)"라는 구절이 나오는데, 역시 崇(숭)이 아니라 祟(수)이다.

5) **放勢(방세)**: 개궁하는(활을 밀고 당기는) 기세를 말한다. 여기서 放(방)은 '널리 펴다, 넓히다'라는 뜻으로 쓰여 개궁 동작의 기세를 표현한 것이다. (발시 동작이 아님을 유의해야 한다.)

6) **擧與不執(거여부집)**: 활을 열 때 전거(前擧)와 후집(後執)이 제대로 되는지 여부를 살펴야 한다는 뜻이다.

7) **見機而施(견기이시)**: 최적의 기회를 보아서 발시함을 말한다.

8) **隨順而作(수순이작)**: 골절의 순차적 길을 따라 활이 가득 열리게 해야 한다는 뜻이다.

9) **推射轉身(추사전신)**: 직역하면 '밀어서 쏘면서 몸을 회전시킨다'가 된다. 정궁과 같이 강한 활일수록 밀고 당기기가 어렵다. 따라서 온몸을 회전시키면서 그 강한 회전력을 견갑골의 오두 부분에서 직선의 힘으로 바꾸어 팔에 전달함으로

써 활을 열게 된다. 이것이 추사전신이다. 추사전신을 제대로 하려면 척추(등골)가 직선으로 곧게 펴져서 몸의 중심추가 되어 주어야 한다.

3 활을 쏘아 화살을 멀리 보내는 방법을 체득한 사람은 오로지 후집과 전거에 더욱 힘써서 옛 사람들의 풍도를 멀리 뛰어넘어야 한다. 이것이 곧 화살을 멀리 보내는 활쏘기의 근본이다. (그러나) 오로지 후집에 힘써야지 단지 멀리 보내려고만 해서는 안 된다. 100보 밖의 버드나무 잎을 맞추는 기술도 모두 이를 본받아 이루어진 것이다.

凡取射其遠者(범취사기원자)로 嘗成其道者(상성기도자)는 專務益加於後執而前擧(전무익가어후집이전거)하여 遠跳之古風(원도지고풍)이니, 則是遠射之本也(즉시원사지본야)니라. 夫專務後執(부전무후집)하고 而非徒遠射(이비도원사)니, 穿柳之葉(천류지엽)이 餘皆放此(여개방차)니라.

10) 遠射(원사): 화살을 멀리 보내는 것인데, 무과 시험에서도 멀리 보내는 것을 중점으로 평가하였다. 철전(鐵箭)은 80보(또는 100보) 거리에서 목표물 4척 6촌의 근후(近侯)에 도달하면 7점, 5보 이상 추가 시마다 1점을 가산하였다. 목전(木箭)은 240보 거리에서 사방 1장 8척의 원후(遠侯)에 도달하면 역시 7점, 5보 이상 추가 시마다 1점을 가산하여

멀리 보내는 것을 중점으로 평가했다. 우리 활 사법은 원사법이다. 자세한 내용은 제4편 1문단 ※주를 참고하기 바란다.

11) **夫專務後執(부전무후집) 而非徒遠射(이비도원사)**: '오로지 후집에 힘써야지, 단지 멀리 보내려고만 해서는 안 된다'라는 이 구절은 발시 순간의 용력법에 해당하는 내용이다. 이기기 힘든 강궁은 발시 순간에 깍지손을 단단히 붙잡아 앞으로 딸려 나가지 않게 하기가 매우 어렵다. 만약 발시 순간에 멀리 보내려는 마음으로 앞쪽에 힘을 더 가한다면 앞뒤의 균형이 깨지며 뒤 손이 딸려 나가기 쉽다. 그러면 지금까지 해 온 모든 전거후집의 동작이 물거품이 된다. 만작한 화살이 과녁에 맞고 안 맞고는 발시 직전의 후집에 전적으로 달려 있다고 해도 과언이 아니므로, 이 대목에서 이와 같이 특별히 후집을 강조하신 것이다.

제9편
신입 궁사에게 활을 지도하는 과정

1 활 스승을 무예의 (실력)만 보아서 시킨다면, 누구든지 활 스승이 될 수 있다고 말할 수 있다. (그러나) 활 스승이라 할 만한 스승은 먼저 활 배우려는 자의 심성이 강한지 부드러운지, 굳센지 약한지를 살펴서 알아야 한다. 또 (활 배우려는 자가) 팔다리 골절을 제대로 쓸 수 있는지, 활을 배움으로써 도리어 인품이 나빠질 가능성이 있는지도 살펴서 알아야 한다. 이렇게 살펴서 안 다음에야 비로소 활 배우려는 뜻을 받아들인다. 이것이 곧 옛 사람들의 활 가르침에 관한 견해였다.

第九(제구)
師者(사자)를 武以使(무이사)하면 曰(왈) 皆可師也(개가사야)니라. 可師也(가사야)의 師者(사자)는 先察知(선찰지) 其學射之心性(기학사지심성)의 强柔剛弱者(강유강약자)와, 四體骨節者(사체골절자)의 用之不用(용지불용)과, 畵虎不成者(화호불성자)니라. 然後(연후)에 可須受學之義(가수수학지의)니, 則以古人之射論(즉이고인지사론)이니라.

1) **畵虎不成者(화호불성자)**: 후한서(後漢書) 마원전(馬援傳)

에 나오는 畵虎不成 反類狗者(화호불성 반류구자)가 출전이다. 호랑이를 그리려다 실패하면 개를 그리게 된다는 뜻이다. 활을 배워 겸손해지기보다는 도리어 예의가 없이 제멋대로 행동하며 다른 사람에게 폐를 끼치는 사람을 가리킨다.

2 오늘날 활 쏘는 사람들이 육량전 쏘기를 기피하고 유엽전을 쏘는 이유는 다만 과거에 합격해 벼슬을 하려고만 생각하기 때문이다. 이는 곧 매번 과거 시험에 유엽전 쏘기가 (시험 과목으로) 규정되어 있기 때문이다. (그러나) 오직 유엽전만 알고 정궁을 알지 못하면, 어떻게 과거 시험을 보아 합격자의 명단에 이름을 올릴 수 있겠는가?

今人之射(금인지사)가 諱之六兩(휘지육냥)하고 知其柳者(지기류자)는 徒爲決科干祿之計(도위결과간록지계)니 則每科當規(즉매과당규)라. 知其單柳(지기단류)하고 不知其定弓(부지기정궁)이면 則何以科者(즉하이과자)로 掛名於科榜乎(괘명어과방호)아?

2) 決科(결과): 과거 합격자의 등급을 결정하여 명단을 발표한다는 것으로, 과거에 합격함을 의미한다.
3) 干祿(간록): '녹봉을 구함'이라는 뜻으로 '벼슬을 하고자 함'을 이른다. 干의 훈음은 '구할 간'이다. 『논어』 「위정 편(爲政篇)」 "子張(자장)이 學干祿(학간록)한데…"에서 쓰인 예와

같다.
4) **科榜(과방)**: 과거 급제자의 성명을 적은 방목(榜目). 정궁을 쏘는 것도 과거의 시험 과목이므로 과거에 합격하려면 정궁도 훈련을 해야 한다.

※ 조선의 무과 시험

조선시대 무과의 과거 시험은 처음에는 목전(木箭), 철전(鐵箭), 편전(片箭), 기사(騎射), 기창(旗槍), 격구(擊毬) 등 6기(六技)가 있었으나, 『속대전(續大典)』 편찬 이후 시험 과목은 목전, 철전, 편전, 기사, 유엽전, 조총, 편곤이 초시이고, 복시는 병법서와 유교 경전으로 사서오경 중 1, 무경칠서 중 1, 『통감』, 『병요』, 『장감박의』, 『소학』 중 1, 『경국대전』이었다. 순위를 매기는 왕 앞에서의 전시에서는 격구(擊毬)를 하였는데 나중에는 폐지하고 다른 과목으로 대체하기도 하였다. 과목의 변동이 여러 차례 있었을 뿐만 아니라, 도시(都試)와 같은 특별 시험, 또는 상황에 따라 일부 과목만으로 시험을 보기도 하였다.

청교 공 당시의 무과 시험에는 유엽전 쏘기가 필수 과목으로 규정되어 있어서 사람들이 유엽전을 열심히 쏘았지만, 정궁으로 철전을 쏘는 시험도 역시 과목으로 있었다. 그러니 유엽전만 쏘아서는 무과 시험에 합격할 수 없었다.

3 어떻게 해야 활쏘기가 흥성해져서 나라를 위할 수 있는지 모른다면, 옛날 사법의 이치대로 다 실행하지는 못하더라

도, 우선 (활 쏘는 자들로 하여금) (약한 나무활인) 궁후로써 골절을 다스리게 하여, 그 올바른 방법으로 (정궁 쏠 때의) 바르지 못한 유형들을 바르게 하도록 해야 한다.

未知何如而射之盛(미지하여이사지성)하여 而爲國家(이위국가)면, 則雖不能盡如古道(즉수불능진여고도)라도 要之以弓後(요지이궁후)로 治之骨節者(치지골절자)하여, 以其正(이기정)으로 正不正之類(정부정지류)니라.

5) 未知(미지): '未知 A 則' 형식. 'A를 모른다면'이라는 뜻이다. 여기서 未知의 목적어인 A는 이어지는 '何如而射之盛而爲國家'라는 명사절이다.

6) 以其正(이기정) 正不正之類(정부정지류): 궁후로 바르게 한 궁체를 가지고 정궁(定弓)의 잘못된 자세를 바로잡는 것을 뜻한다. 제4편에서도 "활쏘기를 배우는 방법으로 (나무활인) 궁후로 연습하게 한 것은 옛날의 법도에서 유래한 것이다"라고 하였고, 또한 '궁후를 가지고 3년을 시험해 보고 난 다음에야 정궁(定弓)을 잡게 한다'라는 옛 사람들의 우스갯말을 언급하였다.

4 사예로서 무과 시험을 보려는 자에 대해서는 1년간 궁후로 쏘는 것을 살펴보아서, 약한 자는 다시 (궁후의) 과녁으로 돌려보내고, 굳센 자로 하여금 육량전을 쏘게 하는 것이 옳

다. 만약 약한 자가 유엽전 쏘기를 바란다면, 그 자의 골절이 험한지 아닌지를 살펴보고, 또 활을 밀고 당김에 있어 (동작을) 순조롭고 쉽게 할 수 있다고 (판단되면), 궁후를 가지고 순서에 따라 (부족한) 점을 바로잡아 몸자세를 바르게 해 주면 될 뿐이다. 궁후로 1년간 습사하게 하면서 살펴보는 것은 그 과정이 궁체를 바르게 하는 시초가 되기 때문이며, (그 자세를) 활쏘기의 법칙으로 삼게 하기 위함이다. (그러므로) 나무활 (쏘던 때의 사법을) 잊지 않도록 반드시 힘써야 한다.

◎ 처음 활을 배울 때 올바른 자세를 익혔다 하더라도 세월이 감에 따라 점점 자세가 나빠지는 경우도 있으므로, 일평생 활을 처음 배웠을 때의 올바른 자세를 잊지 말라는 말씀이다.

武以射藝(무이사예)로 而擧之者(이거지자)는 計之弓後(계지궁후)로 一年之射(일년지사)하여, 而弱者(이약자)로 以反侯布(이반후포)하고, 剛者(강자)로 以射六兩(이사육냥)이 是也(시야)니라. 弱者(약자)가 若願於柳(약원어류)하면, 觀其人之骨節險易(관기인지골절험이)와 爲其所履(위기소리)에 而若有乎順易者(이약유호순이자)면, 則以弓後(즉이궁후)로 隨其順而矯揉(수기순이교유)하여 而正己而已(이정기이이)니라. 以弓後(이궁후)로 計料一年者(계료일년자)는 以其正己之始原也(이기정기지시원야)요, 亦爲射之法(역위사지법)이니, 弧(호)는 至其不忘哉(지기불망재)인저!

7) **侯布(후포)**: 포후(布侯), 솔포(직물로 만든 솔)와 같은 뜻이다. 侯(후)는 우리말로 '솔'이라고 한다. 화살로 맞추어야 할 목표물이다. 현재는 모든 활터에서 나무로 만든 목후(木侯)를 사용하지만, 과거에는 직물로 만들어서 많이 사용하였다. 중국 주(周)나라 때에 천자(天子)는 곰 가죽이 들어간 웅후(熊侯)를 사용했고, 제후(諸侯)는 큰사슴 가죽이 들어간 미후(麋侯)를, 대부(大夫)는 가죽이 아니라 포(布: 직물)에 직접 호랑이나 표범을 그린 포후(布侯)를, 사(士)는 사슴과 돼지를 그린 포후(布侯)를 사용했다고 한다.

8) **骨節險易(골절험이)**: 거궁 자세와 개궁 동작에서 몸이 바르고 골절도 바르게 펴지는 것을 易(이)라 하고, 그렇지 못한 것을 險(험)이라고 한다.

9) **爲其所履(위기소리)**: 여기의 履(리)도 『정사론』의 다른 곳과 마찬가지로 활을 '밀고 당김'이라는 뜻으로 사용되었다.

10) **順易(순이)**: 여기의 順(순)도 『정사론』의 다른 문장처럼 골절 힘을 순차적으로 사용하는 것을 뜻하고, 易(이)는 그것을 쉽고 편안하게 함을 뜻한다.

11) **矯揉而正己而已(교유이정기이이)**: 나무활인 궁후로 1년간 습사하였으므로 약한 각궁으로 유엽전을 쏘는 것은 가능하다고 보고, 그간 습사한 것을 토대로 일부 잘못된 궁체만 고쳐 주면 유엽전을 각궁으로 쏠 수 있다고 판단한 것이다. 여기서 己(기)는 궁체, 곧 활을 쏘는 자세를 말한다.

12) **弧(호)**: 나무활, 즉 목궁(木弓). 앳기찌(산곤마자)와 산뽕나

무로 만드는데 만드는 법이 간단하여 전시와 수렵은 물론 연습용 활로도 많이 사용되었다.
13) 至其不忘哉(지기불망재): 여기서 至(지)는 '지극히 하다, 힘쓰다'라는 뜻의 동사(動詞)로 쓰였다. 其(기)는 '궁후의 사법'을 가리킨다.

5 (활 배우는 자에게) 궁후로 시작하게 하는 것은 포대기에 싸인 아이를 기르는 것과 같다. 젖을 먹고 자란 세 살배기 아이가 (젖이 아닌) 그 무언가를 먹으려 하면, 어머니는 밥을 씹어 부드럽게 해서 아이에게 먹인다. 시일이 지남에 따라 젖을 줄이고 밥을 늘려 가는데, 아이가 먹는 양과 음식의 소화 능력을 헤아려 (처음에는) 젖은 자주 먹이고 밥은 적게 먹인다. 이렇게 먹이고 자라게 하며 아이를 기르는 것이 자연의 이치이다.

◎ 강한 활인 정궁을 쏘기 위해서는 반드시 연한 나무활인 궁후로부터 시작해야 함을 어린아이를 기르는 것에 비유한다.

夫原始弓後者(부원시궁후자)는 比如養乳褓褓兒(비여양유강보아)니라. 養乳三歲其兒(양유삼세기아)가 欲食其物(욕식기물)이면 則其母(즉기모)는 以飼嚼飯之調柔(이사작반지조유)하여 而時日損益(이시일손익)하되, 度其兒量之大小輕重(탁기아량지대소경중)하여 頻乳稀飼(빈유희사)니라.

養於斯(양어사)하고 長於斯(장어사)하며 養之(양지)함이 自然之理也(자연지리야)니라.

14) 度其兒量之大小輕重(탁기아량지대소경중): '量之大小(양지대소)'는 아이가 적당히 먹어야 하는 양의 크고 작음을 뜻하고, '輕重(경중)'은 아이가 쉽게 소화할 수 있는 것(輕: 경)과 소화하기 어려운 것(重: 중)을 뜻한다.

6 젖먹이 아이가 세 살이 되지 않아 말을 제대로 하지 못하고 서툰 소리를 하면서 손가락으로 아무 물건이나 집어 입에 넣고 먹으려 하면, 아이의 어머니는 그 소리에 기뻐하며 아이에게 숟가락으로 (음식을 먹이게) 된다. (그러나) 옹알이하는 것이 귀여워 아이의 입에 맞는 연한 음식만 계속 먹이면 그 아이에게 이롭지 못한 점이 있게 될 것이다. 활도 당연히 이와 같다. (처음 활을 배우는 사람에게) 궁후로 습사하게 하는 것은 아이에게 젖을 먹여서 기르는 것과 같고, (탄력이 좋은 활인) 오호로 습사하게 하는 것은 아이에게 음식을 먹여서 자라게 하는 것과 같다. 그러므로 활을 쏘는 이들은 반드시 이를 명심해야 한다.

若乳不過三歲(약유불과삼세)에 其兒言語未成(기아언어미성)하여 喑啞(음아)하며 欲飤指物点口(욕사지물점구)하면, 則其母(즉기모)는 欣而應啞(흔이응아)하여 而匙之(이시지)나, 愛而對喑(애이대음)하여 而筋之連流爽口(이저지연류상구)하면 則終作其疾(즉종작기질)이니, 射亦宜然(사역의연)이니라. 弓後(궁후)는 養之如乳(양지여유)하고, 烏號(오호)는 長之如飤(장지여사)니, 射者(사자)는 銘心哉(명심재)인저!

15) 喑啞(음아): 어린아이가 옹알이를 할 때부터 음운이 정확하지 않고 어법도 제대로 형성되기 전인 8~9개월부터 36개월 정도까지 아이가 의사를 표현하는 상태를 가리킨다.
16) 指物点口(지물점구): 음식물뿐 아니라 먹을 수 없는 물건까지 손으로 잡아서 입에 집어넣는 아이의 모습을 가리킨다. 젖니가 났기 때문에 이런 현상이 발생한다. 이는 젖을 점차로 떼어야 하는 시기가 왔음을 의미하기도 한다.
17) 筋之連流爽口(저지연류상구): 아이가 음식을 씹어 먹는 힘과 소화하는 힘을 늘리지 못하게 계속 젖만 먹이거나 너무 무른 음식만을 먹여서 아이가 거기에만 입맛을 들이게 하는 것을 말한다.
18) 終作其疾(종작기질): 젖을 끊고 음식을 먹여야 할 때 계속 젖을 먹이거나 너무 무른 음식만 먹이면, 아이의 발육에 좋지 않다는 뜻이다. 疾(질)은 '흠, 결점'이라는 의미로 사용되었다.
19) 弓後養之如乳(궁후양지여유): (약한 나무활인) 궁후로 습사하게 하는 것은 아이에게 젖을 먹여 기르는 것과 같다는

뜻이다.

20) 烏號長之如飢(오호장지여사): (탄력이 좋은) 오호로 습사하게 하는 것은 아이에게 음식을 먹여 자라게 하는 것과 같다는 뜻이다. 오호를 습사하고 난 다음 정궁(定弓)으로 육량전(六兩箭)을 쏘는 것은 당연한 일일 것이다.

※ 烏號(오호): 활의 이름

『사기(史記)』「봉선서(封禪書)」에 황제(黃帝)가 수산(首山)의 구리를 채굴하여 형산 아래 호숫가에서 솥을 주조하고 나서 용을 타고 승천할 적에 신하와 후궁 70여 인이 용의 등에 올라탔는데, 이때 용에 올라타지 못한 소신(小臣)들이 용의 수염을 잡고 있다가 용의 수염이 빠지는 바람에 모두 떨어졌고, 이때 황제의 활도 함께 떨어졌으므로, 백성들이 그 수염과 활을 안고 통곡하며 그 활을 오호궁(烏號弓)이라고 불렀다는 전설이 전한다.

이 활은 산뽕나무(桑柘木) 가지로 만드는데, 까마귀가 그 가지에 앉았다가 날아오르려고 하면 그 탄력 때문에 날아오르지 못해 울기만 한다는 탄력이 좋은 나뭇가지이다. 오호궁이 그만큼 탄력이 좋다는 뜻이다. 이 오호궁이 『정사론』에 3회에 걸쳐 나온다. 물론 이름이야 그렇지만 전설상 황제가 쓰던 활과 똑같다고는 할 수 없을 것이다. 아마도 품질 좋은 각궁이 아니었을까 생각된다.

제10편
깍지를 떼지 않는 연습의 효과

  1 예부터 (전해지는) 100보 밖의 버드나무 잎을 백발백중하는 신기한 재주와 벼룩을 맞추어 관통시키는 신묘한 기술은 오로지 밤낮과 비바람을 가리지 않고 사시사철 연습한 공으로 이룬 것이다. 활쏘기에서 한 순(巡)이라는 법도는 화살 다섯 개를 쏘는 숫자에 대한 규칙이다. (그런데) 사법 책에 "활쏘기를 연습할 때 활에 화살 한 개만 끼워 다섯 번을 연습하여 한 순을 삼는데, 네 번은 당겨서 (자세를) 살피기만 하되 발시는 하지 않고, (마지막) 다섯 번째 당김에서 그 한 발을 발시한다"라는 구절이 있다. 이는 활쏘기를 충실하게 하려는 것으로, 이 또한 (깍지손을 충실히 붙잡아 당기는) 후집을 위한 방법이다.

  第十(제십)
  古來(고래)로 穿柳之奇(천류지기)와 貫蝨之妙(관슬지묘)는 惟晝宵風雨四時之工也(유주소풍우사시지공야)니라. 射號一巡之法(사호일순지법)은 以矢五(이시오)로 爲一巡之數則(위일순지수칙)이니라. 籍曰(적왈) "習於射(습어사)하되 而以一矢之介(이이일시지개)로 習五(습오)하여 作巡(작순)하되 而彎弓作四(이만궁작사)는 惟以不發(유이불발)하고,

彎作而第至五(만작이제지오)하여 可許一者(가허일자)"라 하니, 射之實而亦爲後執之道(사지실이역위후집지도)니라.

1) 穿柳之奇(천류지기): 100보 밖의 버드나무 잎을 백발백중하는 신기한 재주로, 사기(史記)에 초(楚)나라의 양유기(養由基)가 이와 같은 재주를 가지고 있었다는 이야기가 있다.
2) 貫蝨之妙(관슬지묘): 蝨(슬)은 몸에 기생하는 작은 벌레인 '이'인데 한글로 번역하면 잘못 이해할 가능성이 있어 이해하기 쉬운 '벼룩'으로 바꾸어 번역한다. 장자(莊子)에 이와 관련한 기창(紀昌)의 이야기가 있다.
3) 惟以不發(유이불발): (자세와 기운 등을) 헤아리기만 하고 발시는 하지 않는 것을 말한다. 여기서 惟의 훈음은 '헤아릴 유'이다.

2 이에 대해 (좀 더) 이야기해 보자면, 나도 늙도록 구태여 그와 같이 활쏘기를 연습하지는 않았다. 그러나 그와 비슷하게 연습해 보기는 했다. 바람이 불고 비가 오는 날 방 안에서 밝은 곳을 향해 화살을 먹여 활을 가득 당겨 쏘는 것처럼 하되 발시는 하지 않는 방법이다. (이런 방법은) 발시를 하지 않아 발시하는 것과 똑같다고 할 수는 없다. 그러나 100보 밖의 버드나무 잎을 맞추는 재주는 (이렇게) 발시하지 않으면서도 (실제로) 쏘는 것처럼 (훈련한 결과로 이루어지고), 벼룩을 수레바퀴처럼 크게 바라볼 수 있는 능력은 작은 것을 크

게 바라보려는 정성에서 이루어진다. 이와 같이 (100보 밖의) 버드나무 잎을 맞추고 벼룩을 관통시키는 재주는 모두 정성에서 나오는 것이다.

以此論之(이차논지)컨대, 余射及老(여사급로)에 曾未敢如彼而試(증미감여피이시)로대, 然(연)이나 仍射有試哉(잉사유시재)라. 風雨之射(풍우지사)에 室向明處(실향명처)하고 俱矢彎弓(구시만궁)하여 似射未發之道(사사미발지도)니라. 雖未決(수미결)하여 而不如發(이불여발)이라도, 然(연)이나 百步穿楊之藝(백보천양지예)는 似射未發之道(사사미발지도)하고, 瑟如車輪之望(슬여거륜지망)은 示小如大之誠(시소여대지성)이니라. 若此爲之(약차위지)의 穿貫柳蝨(천관유슬)이 皆出於誠也(개출어성야)니라.

4) 未發之道(미발지도): 『중용(中庸)』에 다음과 같은 구절이 있다.
"喜怒哀樂之未發(희로애락지미발)을 謂之中(위지중)이요, 發而皆中節(발이개중절)을 謂之和(위지화)니, 中也者(중야자)는 天下之正道(천하지정도)요, 和也者(화야자)는 天下之達道也(천하지달도야)니라: 희로애락의 감정이 일어나지 않을 때를 중(中)이라 하고, 일어나서 모두 절도에 맞는 것을 화(和)라고 한다. 중은 천하(의 모든 것에 감춰진) 올바른 도(道)이며, 화는 천하(의 모든 것이 이루어지는) 도이다."

또 다음과 같은 구절도 있다.

"誠於中(성어중)이면 形於外(형어외)니라: 중(中)에서 정성스러우면 형상이 밖으로 드러난다"

만작하여 발시는 비록 하지 않을지라도, 그 가운데 정성이 담기면 발시 연습은 굳이 하지 않아도 저절로 잘 된다는 말씀이다. 참으로 중요한 말씀이다. 활쏘기는 발시 직전 순간을 정확하게 만드는 것으로 사실상 끝이다.

5) 決(결): '깍지'라는 명사로도 쓰이지만 사법서에서는 '발시하다'라는 뜻으로 자주 사용된다. 이때의 훈음은 '끊을 결'이다. 발시하는 동작이 시위를 끊는 모양과 비슷하기 때문이다.

3 비바람이 부는 날 열 순을 쏘는 것이 맑은 날 백 순을 쏘는 것보다 낫고, 다섯 번 거궁하여 한 번만 발시하는 것이 다섯 발 모두를 매번 발시하는 것보다 낫다. 이것을 연습해 보면 그 깊은 이치를 스스로 깨달을 수 있을 것이다. 활쏘기를 배우는 데 또 한 가지 방법이 있으니, 나무활로 2~3년을 연습하는 것이다. 활로써 일가를 이루는 방법이 그 가운데 있다.

風雨十巡(풍우십순)이 愈䨮百巡(유구백순)하고, 五擧一決(오거일결)이 勝巡每決射者(승순매결사자)니라. 試之然後(시지연후)에야 所深之理(소심지리)를 自可得矣(자가득의)리라. 第(제)又有學射所道者(우유학사소도자)하니, 以木

弧(이목호)로 試之二三載(시지이삼재)면, 則弓之成家(즉궁지성가)가 在於其中(재어기중)이니라.

4 활쏘기에서 자세를 바르게 함은 처음부터 끝없이 해야 할 일이다. 신입 궁사에게 나무활로 연습하게 하는 것은 자세를 바르게 하려는 것뿐만 아니라, 과녁을 가지고 놀려는 마음을 일으키지 못하게 하려는 것이다. 이는 곧 (자세를 바로잡는 일과) 관련이 없는 일에 신경 쓰지 못하게 하려는 것이다. (지금까지) 차례대로 논한 고인들의 사풍은 이와 같이 (같은 맥락에) 있다.

射之正己(사지정기)는 自在至於無窮(자재지어무궁)이니, 以木弧(이목호)로 試之新者(시지신자)는 非徒正己(비도정기)요 亦不能生心於弄鵠(역불능생심어농곡)이니, 則非關無慮故(즉비관무려고)니라. 論次古人之風(논차고인지풍)이 如此焉(여차언)이니라.

 6) 生心於弄鵠(생심어농곡): '과녁을 가지고 놀려는 마음을 일으키다'라는 뜻인데, 과녁을 맞히려는 욕심이 생기는 것을 말한다. 과녁을 맞히려는 욕심이 크면 클수록 신입 궁사의 몸자세는 바로잡히지 않게 되고, 나중에는 고치기 어려운 고질이 되고 만다.
 7) 非關無慮(비관무려): (활 쏘는 자세를 바로잡는 것과) 관계

없는 것(과녁을 맞히는 것)에 신경 쓰지 않도록 하는 것.

8) **論次古人之風(논차고인지풍)**: '지금까지 차례대로 논한 고인의 사풍'이라는 뜻으로, 구체적으로 이 편에서 차례대로 말한 두 가지 사항, 곧 화살을 발시하지 않으면서 활을 쏘는 것처럼 연습하는 것과 신입 궁사에게 과녁을 맞히려는 욕심이 없이 자세를 바르게 하기 위해 나무활로 연습하게 하는 두 가지의 사풍을 가리킨다.

9) **如此焉(여차언)**: 단순히 '이와 같다'라는 뜻이 아니라, '이와 같이 같은 (맥락)이다'라고 해석해야 의미가 분명하게 드러난다. 이 구절은 제10편의 두 가지 사례가(발시하지 않으면서 쏘는 연습, 신입 궁사의 나무활 사용) 모두 자세를 바르게 하려는 방법이므로 같은 맥락에 있다는 결론을 맺는 부분이기 때문이다.

제11편
과녁 욕심을 버리고 연궁에 중시로

1 우리나라 (무과 시험)에서 유엽전을 쏘는 거리는 『경국대전』에서 정한 척도법에 따라 120보를 정식으로 삼는다. 오늘날 활 배우는 사람들이 간혹 그 시작으로 (탄력이 좋은 활인) 오호를 사용하기도 한다. 이렇게 오호를 사용하는 사람들에게도 궁후와 마찬가지로 아주 연한 활에 한 냥쯤 되는 무거운 화살을 갖추어 과녁이 없는 공터에서 습사를 하게 한다. 이 또한 옛 분들의 사풍이니, 옛 분들도 이미 이와 같이 먼 장래까지 생각하신 것이다.

※ 연한 활에 무거운 화살
처음 활을 배울 때부터 연궁에 중시를 사용한다면 자세를 익히고 궁력을 기르는 데 유익한 점이 있다. 활의 강함에만 의지하지 않고 자신의 내력을 증장시켜서 화살을 보내는 연습이 저절로 이루어지기 때문이다.

第十一(제십일)
我東(아동)의 柳規(유규)는 典尺爲步者(전척위보자)로 爲一百二十步之定式也(위일백이십보지정식야)니라. 今爲學射者(금위학사자)에 如或初射烏號(여혹초사오호)하니, 爲

其烏號者(위기오호자)도 亦如弓後(역여궁후)하여, 以軟軟之弧(이연연지호)로 重具兩箭(중구양전)하여 避之畫布(피지화포)하고 射之空垈(사지공대)케 하니, 亦此古人之風也(역차고인지풍야)라, 旣爲古人之如此遠慮者(기위고인지여차원려자)니라.

1) **典尺爲步(전척위보)**: 여기서 典(전)은 『경국대전(經國大典)』, 尺(척)은 길이 단위의 하나로 '자'인데, 시대에 따라 조금씩 달라졌다. 1보를 세종 때의 도량형 기준인 주척 6척으로 본다면 124cm 정도이며 과녁 거리 120보를 곱하면 148m가 되어 현재의 과녁 거리인 145m와 거의 비슷하다.
2) **一百二十步之定式(일백이십보지정식)**: 유엽전 쏘기는 무과 시험에서 120보를 정해진 법식으로 삼았다는 뜻이다. 유엽전이 아닌 木箭(목전)을 쏘는 보사(步射) 시험의 거리는 240보로 297m 정도 되었다. 유엽전 쏘기는 『속대전』 편찬 이후에 무과 시험에 편입되었다.
3) **畫布(화포)**: 직물(천)에 그림을 그린 과녁의 뜻으로 사용되었다.

2 과녁에 집착하면 (맞히고 싶은 생각이 일어남을) 피하기 어렵다. 그것은 마치 물건을 보면 욕심이 생기는 것과 같다. 오늘날 궁사는 (그 유혹을 이기지 못하고) 제멋대로 과녁을 맞히고자 활과 화살이라는 연장의 반재주만 빌리려고 한다.

그렇게 하면 좋은 활로는 화살을 과녁터까지 보낼 수도 있고, 가벼운 화살로는 과녁을 맞힐 수도 있다. 그리하여 처음 활을 배우는 자가 오직 과녁 맞히는 데만 정신이 쏠리면, 그의 활 쏘는 용모는 예(禮)와 어울리지 않게 되고, 활 쏘는 절주(리듬)도 악(樂)과 어울리지 않게 된다.

革近難避(혁근난피)니 如其見物生心也(여기견물생심야)니라. 今之射者(금지사자)가 妄欲其敢(망욕기감)하여 借弓矢之半才(차궁시지반재)하면, 則精弓(즉정궁)은 能成其限(능성기한)이요, 輕箭(경전)은 能取其鵠(능취기곡)이니라. 故(고)로 新者(신자)가 關心(관심)하여 而每欲中鵠(이매욕중곡)이면, 則容體不能比於禮(즉용체불능비어례)하고, 節奏不能比於樂(절주불능비어악)이니라.

4) 弓矢之半才(궁시지반재): 활터에서 가끔 '연장이 반재주'라는 말을 들을 수 있다. 좋은 활과 화살이 시수를 내기 좋다는 말이다. 처음 활을 배우는 궁사가 궁체를 연습하는 과정에서 화살이 과녁에 미치지 않으면, 더 센 활로 바꾸고 화살도 가벼운 것으로 바꾼다. 그러면 비록 과녁에 가끔씩 적중하기는 하지만, 올바른 궁체를 만드는 것은 어렵게 된다.

3 자기 몸에서 반성하여 (올바름을) 구한다는 말은 예로부터 내려오는 사풍이다. 처음 활을 배우는 궁사는 과녁을 맞히

려고 욕심을 부려서도 안 되고, 과녁까지 (화살을 억지로) 보내려 해서도 안 된다. 연하고 부드러운 활과 한 냥쯤 되는 무거운 화살로 쏘아야 한다. 활과 화살을 (충분하게) 다루는 재주가 없으면 과녁을 맞히려 해도 활과 화살에 힘을 충분히 전달하지 못해, 화살이 과녁 거리까지 멀고 힘차게 나가지 못한다. 그러니 활을 쏠 수는 있다 해도 과녁터까지 화살이 가지 않고, 마음을 먹어도 화살이 과녁 주변에 당도하지도 못한다.

反求諸其身(반구저기신)은 故由來之風(고유래지풍)이니라. 新者(신자)는 爲之不求其布(위지불구기포)하고 莫得其限(막득기한)이니, 以軟柔之弧(이연유지호)와 重兩之幹(중냥지간)으로 射之(사지)니라. 無才弓幹(무재궁간)이면 則雖有欲得其鵠(즉수유욕득기곡)이라도 弓幹之力(궁간지력)이 旣不能(기불능)하여, 而不逮於限之遠敢者(이불체어한지원감자)니, 可射而不可犯於革臺(가사이불가범어혁대)요, 可心而不可當於侯域(가심이불가당어후역)이니라.

5) 反求諸其身(반구저기신): 여기서 諸(제)는 之於(지어)의 뜻이므로 '제'가 아니라 '저'로 읽는다.

※ 아주 연한 활로 한 냥 무게 화살 쏘기
아주 연한 활로 무게가 한 냥(열 돈) 되는 화살을 쏘라는 이 구

절에서 『정사론』 사법의 핵심을 계속 읽을 수 있다. 활이 약하든 강하든 관계없이 궁사의 기운과 힘으로 활을 쏘라는 뜻이다. 활이 아무리 강해도 그것을 충분히 이길 수 있는 궁사라면 활의 힘이 아니라 자신의 힘으로 화살을 보낼 수 있다. 그러나 이기기 힘든 활을 억지로 당겨서 간신히 깍지만 떼고 만다면, 이는 활을 쏘는 것이 아니라 활에게 부림을 받는 것이라 해도 과언이 아닐 것이다.

4 그러므로 처음 활을 배우는 궁사의 활쏘기에 대한 규범이 이와 같이 행해진 다음에야 스승이 가르쳐서 이끌어 줄 수가 있고, 배우는 자도 배우는 바를 실행하며 따를 수 있다. 이렇게 가르치고 이끄는 대로 실행하여 올바르게 배우며, 과녁을 맞히려는 욕심을 잊게 된다. 이렇게 스스로 과녁 맞히려는 욕심을 멀리하면 과녁을 대할 날이 멀어질 것 같지만 도리어 과녁을 대할 날이 가까워질 것이니, 빨리 이루려는 욕심으로 될 일이 아니다. 물건을 보고 내는 욕심과 과녁을 맞히려는 욕심은 똑같은 마음이다. 과녁을 맞히려는 욕심이 일어나는 것은 물건을 보았기 때문에 일어나는 욕심과 같다. (그러므로) 활을 (배우는) 궁사는 과녁이 보이면 이러한 이치를 생각해서 (지금까지 말한) 활쏘기의 원칙을 따르기만 하면 된다.

故(고)로 新者射規之行(신자사규지행)이 如此然後(여차연후)에 師者(사자)가 敎以道之(교이도지)하고 學者(학자)

도 行以承之(행이승지)하면, 則教道之行(즉교도지행)으로 得其正而忘其鵠(득기정이망기곡)이며, 自遠其布(자원기포)면 則要當遠(즉요당원)이나 反爲近(반위근)이니, 欲速不達(욕속부달)이니라. 見物生心(견물생심)은 射之如侯(사지여후)요, 侯之生心(후지생심)은 物之如覩(물지여도)니, 射者見侯(사자견후)면 則自尋其理(즉자심기리)하여 以致其原耳(이치기원이)니라.

- 6) 教以道之(교이도지): '가르쳐서 인도하다'라는 뜻으로, 여기서 道는 인도(引導)한다는 뜻이다. 『논어(論語)』「위정 편(爲政篇)」에 있는 다음 구절과 같은 용례로 쓰였다.
  "子曰(자왈) 道之以政(도지이정)하고, 齊之以刑(제지이형)하면, 民免而無恥(민면이무치)니라."
- 7) 侯之生心(후지생심) 物之如覩(물지여도): 물건을 보지 않으면 욕심이 생기지 않듯이 과녁을 보지 않으면 맞히고자 하는 욕심이 생기지 않는다는 말씀이다. 따라서 과녁이 없는 공터에서 연습하게 한 것이다.

5 이같이 몇 년 동안 감당할 수 있는 나무활을 사용하여 (연습하되), 과녁을 쏘지 않고도 (화살이 도달하는 거리를) 헤아리고, 또 그렇게 몇 년을 활과 화살을 바꾸어 가며 연습하면, 활의 힘이 사람의 힘을 이기지 못하고 사람의 힘이 활의 힘을 이기게 되니, 화살이 무거워도 활에 조화롭게 응하게 되

고, 활을 쏘는 힘도 화살에 고루 미치게 된다. 도합 3년에 네 번 정도 활과 화살을 바꾸는 것으로 계획하면 될 것이다. 그러면 과녁을 쏨에 자세를 통제함이 방정하게 되어 마음을 바르게 함을 기다리지 않아도 마음이 바르게 되며, 기운을 바르게 하려고 하지 않아도 기운이 저절로 바르게 된다. 정곡을 맞히는 것은 위에서 말한 대로 연습을 많이 하는 데 달렸고, 정곡을 정밀하게 맞히는 것은 위에서 말한 대로 정밀하게 쏘는 데 달렸지만, (이런 것들은) 마음을 바르게 하는 공부를 하고 난 다음에야 (비로소) 논할 것들이다.

◎ 과녁을 맞히고자 하는 욕심을 없애기 위해 몇 년간을 과녁을 쏘지 않고 연습한다는 것은 참으로 어려운 일이다. 그만큼 과녁에 대한 욕심을 경계한 말씀으로 받아들이고 과녁 맞히는 욕심을 버리는 노력을 해야 한다. 이렇게 노력한 다음에 과녁을 잘 맞히게 된다고 할지라도, 역시 마음을 바르게 하는 공부가 우선되어야 한다는 말씀이다.

如是數年(여시수년)을 以可堪之弧(이가감지호)로 勿候射之而量步其尺(물후사지이양보기척)하고, 且射數年(차사수년)하되 復更弓矢者(부경궁시자)면, 弓力不能勝於人力(궁력불능승어인력)하고 人力勝於弓力(인력승어궁력)하니, 箭重和於弓(전중화어궁)하고 射力平於箭(사력평어전)이니라. 都期其迭而三載四更(도기기질이삼재사경)이면 則方其射

侯之制己(즉방기사후지제기)하여, 不期正而自正心(불기정이자정심)하고 不求正而先正(불구정이선정)이니라. 鵠之鵠者(곡지곡자)는 在於彼之多射者也(재어피지다사자야)요, 鵠之微鵠者(곡지미곡자)는 在於彼之微射者也(재어피지미사자야)로대, 槪正心工夫然後(개정심공부연후)에 可論(가론)이니라.

- 8) 箭重和於弓(전중화어궁): 사람이 활의 힘을 이기면 무거운 화살도 약한 활에 조화롭게 응하게 된다는 말씀이다. 즉 궁사의 내력이 활과 화살에 미치는 것이다. 이렇게 될 때 비로소 사람이 활을 쏘는 것이다.
- 9) 射力平於箭(사력평어전): 사람의 힘이 활의 힘을 이길 때 사람의 힘이 활을 통해 화살에 고르게 전달되어 화살이 멀리 바르게 나간다는 말씀이다.
- 10) 方其射侯之制己(방기사후지제기): 과녁을 맞히려는 욕심이 생기면 마음이 흩트려져서 자세를 올바로 통제할 수 없게 된다.
- 11) 不求正而先正(불구정이선정): 앞 구절인 '不期正而自正心(불기정이자정심)' 부분이 마음을 바르게 하는 정심(正心)을 말한 것이므로, 이 구절은 기운을 바르게 하는 정기(正氣)에 대한 말씀으로 해석한다. 청교 공께서 앞에서도 정심(正心)과 정기(正氣)를 아울러 중시하며 말씀했기 때문이다.

※ 과녁에 혼을 모두 빼앗기면

궁사가 과녁 맞히려는 마음을 가지는 것은 당연하다. 그러나 과녁 맞히는 것에 온 정신을 다 빼앗기고 만다면, 그 궁사의 혼은 과녁이 되고 궁사는 과녁의 노예가 된다. 즉 잘되어 봐야 과녁을 백발백중하는 기술만 갖게 될 뿐 예(禮)와 악(樂)도 없고, 활의 도(道)인 정기정심(正己正心)도 없게 된다.

우리 활 쏘기의 근본 목적은 내면의 성찰이다. 몸 안에 흐르는 기운(氣)과 힘(力)을 살피고, 기운과 힘을 주장하는 뜻(意)을 살피고, 뜻을 운용하는 마음(心)을 살피는 것이다. 이렇게 내면을 성찰하여 몸과 마음을 건강하고 바르게 하는 것이 활쏘기의 목적인데, 온 정신을 과녁에만 쏟아부어 과녁의 노예가 되거나, 잘못된 자세와 사법으로 몸이 망가지게 하거나, 잘못된 마음가짐으로 심성이 도리어 나빠진다면 백발백중이 아니라 만발만중을 한다고 한들 그 무슨 소용이 있겠는가?

제12편
올바른 자세에서 올바른 도리가 이루어짐

1 올바른 활쏘기 자세란 선 모양은 덕이 있고, 머리 모양은 반듯하고, 얼굴빛은 씩씩하고, 눈빛은 단정한 것이다. 거궁할 때 앞 팔은 오로지 힘을 쓰려 하지 말고, 뒤 팔은 다만 높이 들기만 한다. 이렇게 앞 팔은 가볍고 뒤 팔은 느슨하게 해야 한다. 몸을 언덕과 같이 (굳건하게 하여) 어느 쪽으로든 구부러지지 않게 하려면, 뒤 어깨의 견갑골과 허리 뒷부분과 뒷다리를 오로지 직선으로 쭉 펴서 (몸을) 지탱해 주고, 목은 튼튼하게 (곧추 펴서) 방정하고 충실하게 하면 된다. 그렇게 하면 몸 앞쪽의 힘을 몸 뒤쪽이 이겨 낼 수 있게 된다. 이렇게 뒤 어깨의 견갑골과 허리의 뒷부분과 뒷다리가 불룩 나오거나 휘어지는 결점이 없게 하면 자세는 저절로 올바르게 이루어진다.

◎ 이 문단은 거궁 자세에 대한 설명이다. 거궁 자세는 다만 앞뒤 팔의 자세만을 가리키지 않는다. 온몸의 자세 전체를 망라하고 심지어 마음자세까지 포함한다. 군자가 몸가짐을 단정히 함에 있어 취해야 할 9가지 자세(君子九容: 군자구용)를 거궁 자세에 포함시킨 공의 사예(射藝) 철학이 잘 드러난 문단이다.

第十二(제십이)

　正己之射(정기지사)는 立容德(입용덕)하고, 頭容直(두용직)하며, 色容莊(색용장)하고, 目容端(목용단)이니라. 前擧專無求力(전거전무구력)하고, 後擧徒由擧高(후거도유거고)니, 輕前緩後(경전완후)니라. 己欲如邱(기욕여구)하여 曾無何所之盈昃(증무하소지영측)이면, 後之肩胛(후지견갑)과 與後面腰股者(여후면요고자)를 專主持於直伸(전주지어직신)하고 亢健爲其方實(항건위기방실)이니, 則後可勝於其前(즉후가승어기전)이니라. 後之肩胛(후지견갑)과 與腰股者(여요고자)를 使不能擧揉之缺(사불능거유지결)하면, 則自至其正己(즉자지기정기)니라.

1) 立容德(입용덕)~目容端(목용단): 군자가 그 몸가짐을 단정히 함에 있어 취해야 할 9가지 모습(君子九容: 군자구용)에 해당하는 것들이다. 율곡(栗谷) 이이(李珥) 선생께서 지으신 『격몽요결(擊蒙要訣)』에 나오는 구절들이다. 『격몽요결』은 조선 중기 이후로 소년 시절에 배우는 필수 과목이었으므로 청교 공께서도 어린 시절에 읽고 가슴에 새긴 책이다. 따라서 이 구절이 『정사론』에도 등장하게 되었다. 『격몽요결』에 나오는 구용(九容)은 다음과 같다.

① 足容重(족용중): 발 모양을 무겁게 한다.
② 手容恭(수용공): 손 모양을 공손하게 한다.

③ 目容端(목용단): 시선은 단정하게 한다.
④ 口容止(구용지): 입 모양은 움직이지 않는다.
⑤ 聲容靜(성용정): 목소리는 조용하게 한다.
⑥ 頭容直(두용직): 머리 모양은 똑바로 한다.
⑦ 氣容肅(기용숙): 호흡을 고르게 하고 소리를 내지 않는다.
⑧ 立容德(입용덕): 서 있는 모양은 덕이 있어야 한다.
⑨ 色容莊(색용장): 얼굴빛은 씩씩해야 한다.

※ 바른 몸자세와 바른 마음가짐
청교 공께서는 율곡 이이 선생의 군자구용 가운데 4가지를 가져와 궁사가 자세를 바르게 하는 내용으로 삼았다. 따라서 올바른 활쏘기 자세란 단순히 활을 쏘는 궁체(弓體)뿐만 아니라 마음을 바르게 하는 마음자세를 포함하는 내용이 된다. 이 문단에서도 역시 활쏘기는 군자로서의 인격을 함양하는 수단이 되어야 함을 말씀하고 있다.

2) **盈昃(영측)**: 차고 기울어진다는 뜻인데, 똑바르게 되어야 할 몸의 부분이 밖으로 볼록 나오거나 안으로 굽어져서 바르지 않은 상태를 가리킨다.
3) **亢健(항건)**: 여기서 亢은 '목, 목줄기'이고, 健은 '굳세다, 튼튼하다'라는 뜻이다. 목이 전후좌우의 어느 쪽으로도 굽어지지 않고 똑바로 세워져서 튼튼한 모양이 되어야 함을 가리킨다.

4) 擧揉之缺(거유지결): 불룩 솟아오르거나 휘어지는 결함으로, 뒤 어깨가 불룩 솟아오르거나 몸통의 옆구리와 다리가 휘어지는 상태 등을 가리킨다.

※ 활 쏠 때의 표정

청교 공께서는 율곡 선생의 군자구용 가운데 4가지를 고르면서 色容莊(색용장)과 目容端(목용단)을 선택하셨다. 얼굴빛을 씩씩하게 하고 눈빛을 단정하게 하라는 것이다. 필자는 이를 가장 중요하게 생각한다. 화살이 과녁에 적중하지 않아도 좋다. 이런 얼굴빛과 눈빛을 띠면서 살 수 있다면 매번 불(不)을 쏘아도 좋다. 의연하고 너그러운 얼굴빛과 단정하고 아름답게 빛나는 눈빛을 가진 궁사를 만날 수 있다면 얼마나 좋을 것인가. 그런 분이 1,000리 밖에 있다는 소식만 들어도 한걸음에 달려갈 것이다.

2 (활을 열 때) 만약 후집하는 뒤 어깨가 전거하는 앞 어깨를 이기지 못하여 후집하는 기세를 잃게 되면 올바른 자세가 제대로 되지 않는다. 활쏘기의 올바른 자세에 대해 논할 때 '이긴다', '진다'라는 용어를 사용한다. 뒤 어깨로 활을 당길 때마다 그 잡아당기는 뒤 어깨가 쉽게 어그러지면, (그것이 굳어져서 나중에는) 그 어그러진 자세를 제대로 알아챌 수조차 없게 된다. 그러므로 후집하는 뒤 어깨가 반드시 (앞 어깨를) 이겨 내야 된다고 말하는 것이다.

◎ 이 문단은 활을 여는(개궁) 동작과 용력(用力)에 관한 설명이다. 활을 열 때는 전거와 후집을 동시에 하게 되는데, 대부분 전거보다 후집이 약하여 올바른 자세가 되지 못함을 지적했다. 『정사론』에서는 개궁 동작을 전거와 후집으로 설명하고 한 글자로 말할 때는 履(리: 동시에 밀고 당김)라고 한다.

若後執肩者(약후집견자)가 負於其前(부어기전)하여 失其後勢(실기후세)하면 則不自至其正己(즉부자지기정기)니라. 以正己之射(이정기지사)로 言勝負者(언승부자)하니, 每仍其後肩之際(매잉기후견지제)에 易缺其執引之後肩(이결기집인지후견)이면 則不自知其缺己(즉부자지기결기)니라. 故(고)로 言(언)하기를 後可必以謂其爲勝者也(후가필이위기위승자야)니라.

3 그러므로 훌륭한 활쏘기와 그렇지 못한 활쏘기는 모두 몸자세에서 나온다. 몸자세에서 나온다는 말은 몸자세의 바르고 바르지 못함에 달렸다는 뜻이다. 과녁 맞히지 못함을 걱정하지 않고 (몸자세가) 바르지 않음을 걱정하는 자가 그 미혹을 바로잡으면, 마침내 (활의 올바른) 도를 성취할 것이다. 그러나 (몸자세가) 바르지 않음을 걱정하지 않고 과녁 맞히지 못함을 걱정하는 자가 그 미혹 가운데 계속 있으면, 결국 (활의 올바른) 도를 성취하는 데 실패할 것이다. (그러므로) 항상 훌륭한 활쏘기에 뜻을 두되, 반드시 먼저 몸자세를 바르게

해야 한다. 그렇게 하면 올바른 활쏘기 자세 가운데 감추어진 이치로 인하여 올바른 활쏘기가 충실히 이루어질 것이다.

◎ 자세가 올바르면 동작도 올바르게 전개되고 자세가 바르지 않으면 동작도 올바르게 전개되지 않는다. 자세 가운데 가장 중요한 것이 거궁 자세이다. 거궁 자세는 양팔만의 자세가 아니라 발에서부터 머리까지 온몸의 자세를 망라한다. 바르지 않은 자세로 바른 동작을 할 수는 없다. 예를 들면, 깍지손을 높이 들지 않고서는 절대로 깍지손이 귀의 뒤를 돌아 내려오게 할 수가 없다. 그러므로 거궁 자세에 이미 활쏘기의 모든 것이 들어 있다고 보아야 한다.

是以(시이)로 善射不善(선사불선)이 皆出於己(개출어기)니, 出於己者(출어기자)는 在於正不正也(재어정부정야)니라. 不患不中而患不正者(불환부중이환부정자)가 爲其惑正(위기혹정)이면, 則乃成之道也(즉내성지도야)요, 不患不正而患不中者(불환부정이환부중자)가 爲其惑中(위기혹중)이면, 則乃敗之道也(즉내패지도야)니라. 每欲善其射(매욕선기사)하되 必先正其己(필선정기기)하면, 則射中藏理(즉사중장리)로 理中成實(이중성실)이니라.

5) 皆出於己(개출어기): 여기서 己(기)는 몸자세를 의미하는데, 겉으로 보이는 몸의 자세(궁체)뿐 아니라 마음자세까지 포함

한다.

6) **在於正不正(재어정부정)**: 여기서 正(정)도 몸과 마음의 자세 모두를 가리킨다. 즉 正體(정체), 正心(정심), 正氣(정기)를 포함하는 正(정)이다.

7) **成之道(성지도)**: 단순히 과녁을 잘 맞히는 재주를 넘어서 인의예지의 덕성을 갖추어 훌륭한 인격을 갖춘 사람이(군자가) 되는 길을 말한다.

8) **敗之道(패지도)**: 과녁을 잘 맞히지 못하는 것뿐만 아니라, 비록 과녁을 잘 맞히더라도 사람이 도리어 오만해지고 편협해지며, 타인에 대한 배려심이 없어지는 등 심성이 나빠지는 길을 말한다.

9) **射中藏理(사중장리)**: 활쏘기에는 과녁을 잘 맞히는 원리(물리학 원리)와 건강을 증진시키는 원리, 심성을 함양하는 원리(정기정심) 등이 함께 있다. 과녁에 잘 적중하는 것도 올바른 자세 안에 감추어진 원리에 의해 이루어지도록 해야지, 잘못된 자세를 가지고 억지로 과녁을 맞히려 해서는 안 된다.

10) **理中成實(이중성실)**: 충실함을 이룬다는 말은 실제로 활을 잘 쏘게 되고, 건강도 더 좋아지고, 아울러 심성도 더욱 좋아짐을 뜻한다.

제13편
몸자세를 언덕처럼 굳건하게

  1 손목과 팔꿈치와 어깨가 앞 팔을 들어서 미는 (전거의) 세 관절(삼절)이라고 내가 이미 말했다. 그런데 옛 분들로부터 "몸자세는 삼동(세 곳이 같음)이 되게 한다"라는 말씀이 전해지고 있다. 삼동이란 무엇을 어떻게 해서 세 곳을 같게 해야 한다는 말인가? 내가 생각하기로는 앞 팔을 들면서 펴는 3개의 관절(삼절)을 같게 (운용)하는 것을 삼동이라고 본다. 삼절과 삼동을 함께 거론하며 같은 말이라고 한 적이 분명히 있기 때문이다. 그러나 삼동이 정말로 삼절과 같은지는 알 수 없으니, 이에 대해 아는 자를 기다린다.

  第十三(제십삼)
  手腕(수완)과 臂肱(비굉)과 肩髆者(견박자)를 旣爲前擧三節(기위전거삼절)이니라. 又古人由來之言(우고인유래지언)에 "己爲三同(기위삼동)"이라 하니, 三同者(삼동자)는 何以謂之當然於三同哉(하이위지당연어삼동재)아? 余曰(여왈) 前擧三節者(전거삼절자)가 當然於三同也(당연어삼동야)니, 必有(필유) 三節三同(삼절삼동)을 竝謂同言(병위동언)이라. 然(연)이나 三同者(삼동자)를 未知是否(미지시부)라, 以俟知者焉(이사지자언)하노라.

1) **臂肱(비굉)**: 팔꿈치를 뜻하는 단어이지만, 여기서는 팔꿈치 관절을 가리키는 어휘로 사용되었다.
2) **肩髆(견박)**: 견갑골(어깨뼈)을 뜻하는 단어이지만, 여기서는 어깨 관절을 가리키는 어휘로 사용되었다.
3) **旣爲前擧三節(기위전거삼절)**: 제2편을 가리킨다. 제2편은 3개의 관절(삼절)에 관한 내용만으로 되어 있는데, "3개의 관절에는 활, 시위와 짝을 이루어 조화를 이루는 이치가 있다"라고 설명하였다.
4) **己爲三同(기위삼동)**: '몸자세는 세 곳을 같게 한다'라는 뜻이다. 己(기)는 몸자세, 三(삼)은 그 몸자세 가운데 특히 중요한 세 곳을 가리킨다. 세 곳은 당연히 3개의 관절을 가리킨다.
5) **何以謂之當然於三同哉(하이위지당연어삼동재)**: 當然(당연)은 '마땅히 그렇게 함'이라는 뜻이다. 於(어)는 뒤에 목적어를 이끄는 전치사로 『맹자(孟子)』「고자 편(告子篇)」"此又與於不仁之甚者也(차우여어불인지심자야)"에서 사용된 용례와 같이 쓰였다.
6) **余曰(여왈)**: 직역하면 '나는 말한다'이지만 청교 공께서 자신의 의견을 제시하는 문장이므로 '나는 이렇게 생각한다'라고 번역한다.

2 이런 말을 하는 이유는 몸자세를 언덕과 같이 (굳건하게) 해야 함을 설명하기 위해서이다. 예전에 민 선생님께서 뿌리 박힌 나무의 모양을 비유로 하여 가르쳐 주시기를, "(언덕에)

뿌리박은 나무가 강하고 크더라도 (거센) 바람을 만나 움직일 때는 그 몸체까지 움직이지만 언덕은 어찌 움직이겠는가?"라고 하셨다. 이 말씀은 뿌리박힌 나무가 아무리 튼실하여도 언덕만은 못하니, 과감하게 언덕 (자체가) 되어야 한다는 뜻이다.

◎ 앞 팔의 세 관절인 어깨 관절, 팔꿈치 관절, 손목 관절이(즉 삼절이) 모두 똑같이 굳건하게 안정되어야 함을 설명하셨다. 앞 팔이 몸통이라는 언덕에 뿌리박힌 나무가 아니라 몸통인 언덕 자체가 된 것처럼 하라는 말씀이다.

右(우)는 己欲如邱(기욕여구)니, 曾(증) 閔師(민사)께서 敎諭以根木之形(교유이근목지형)하시되 則(즉) "邱木(구목)은 强大(강대)라도 遇風而動而動其體(우풍이동이동기체)나 邱何動焉(구하동언)이리오?"라 하시니, 是(시)는 以根木之實(이근목지실)이 不如邱(불여구)니, 則敢可以爲邱者焉(즉감가이위구자언)이니라.

7) 右(우): 이 편에서 지금까지 말한 삼절과 삼동에 관한 말 전체를 가리킨다.
8) 己欲如邱(기욕여구): '몸자세를 언덕과 같이 (굳건하게) 하도록 함'이라는 뜻이다. 구체적으로는 몸통뿐만 아니라 앞 팔의 세 관절도 몸통과 하나가 된 것처럼 굳건하게 하여야

한다는 뜻이다.
9) **敢可以(감가이)**: '과감하게 ~이 되어야 한다.'

※ 굳건한 마음과 따뜻한 인정

이 편을 결코 간과해서는 안 된다. 궁사는 활쏘기의 몸자세에 있어서 바람에 흔들리지 않는 언덕처럼, 그렇게 굳건한 궁체를 완성해야 할 것이다. 그러나 그보다도 중요한 것은 궁사의 마음에 언덕보다 굳건한 의리와 정의로움과 따뜻한 인정이 있어야 함이다. 오로지 과녁만 백발백중하면서 예의도 모르고 염치도 없고 오만한 마음만 있다면 그런 궁사를 어디에다 쓰겠는가? 따라서 『정사론』을 쓰신 청교 공께서는 거궁 자세부터 인간의 기본 덕목인 인의예지(仁義禮智)를 나란히 붙여 말씀하셨다.

제14편
형세의 허실과 기운의 조짐을 살핌

 1 (활쏘기) 형세에는 허하게 함과 실하게 함이 있다. 실하게 함이란 다음과 같다. 앞 손을 밀고 뒤 손을 당기며 (활을 열 때는) 앞 팔은 원의 모양을 갖추고 뒤 팔은 직각의 모양을 갖춘 (바른 거궁 자세에서) 시작한다. 이때 움직이는 앞 팔의 힘은 고요한 뒤 팔로 인해 생겨나게 하고, 붙잡아 당기는 뒤 팔의 힘은 앞 팔의 움직임으로 인해 이루어지게 하는 것, 이것을 실하게 함이라고 한다. 또 (활을 가득 당겼을 때 앞 팔의) 구부러진 세 관절(삼절)을 곧게 펴서 (그 상태를) 유지하되, 인대와 힘줄로 하여금 관절이 활을 온전히 지탱할 수 있게 하며, 활이 가득 당겨질 즈음에는 깍지 낀 엄지손가락을 한 일(一) 자 획을 그리듯 직선으로 당기는 것, 이것도 역시 실하게 함이라고 한다.

 ◎ 올바른 거궁 자세에서 활이 가득 당겨진 상태까지의 실하게 함에 대한 설명이다. 이를 2가지의 내용으로 설명하셨다. 첫째는 활을 밀고 당길 때 앞뒤 팔의 힘이 매순간 기울어짐 없이 상응하게 하는 충실함이 그 하나이고, 활이 만작이 되어갈 즈음 깍지 손의 엄지손가락을 일직선 후방으로 당기면서 역시 그 힘에 따라 앞 손에도 상응하는 힘을 가하여 만작을 이루는 것이다.

第十四(제십사)

有形之虛實(유형지허실)하니, 其實也者(기실야자)는 擧之前(거지전) 後之制(후지제)에 具其以規(구기이규)하고 制其度之者(제기도지자)로대, 動其所以(동기소이)는 形於靜(형어정)하고 制其所以(제기소이)는 化於動(화어동)하며, 屈曲守其貞(굴곡수기정)하되 肯綮全其節(긍경전기절)하며, 決拇(결무)는 縠來(구래)에 直寫一畫(직사일획)이니라.

1) **擧之前 後之制(거지전 후지제)**: 이 구절은 개궁 동작인 전거후집(前擧後執)을 조금 다른 문투(文套)로 표현한 구절이므로, 여기의 制(제)는 당연히 執(집)과 뜻이 같다.
2) **具其以規(구기이규) 制其度之者(제기도지자)**: 이 구절은 거궁 자세인 前擧正圓之規(전거정원지규)와 後擧執方之矩(후거집방지구)에 대한 다른 표현이다. 制(제)는 執(집)과 같고, 度(도)는 矩(구)와 같은 뜻으로 쓰였다.
3) **屈曲守其貞(굴곡수기정)**: 屈曲(굴곡)은 어깨 관절, 팔꿈치 관절, 손목 관절을 말한다. 즉 세 관절(삼절)이다. 만작했을 때는 이 세 마디를 곧게 펴서 힘이 일직선으로 흐르게 해야 한다. 守(수)는 유지하다, 貞(정)은 곧게 하다라는 뜻이지만 단순한 곧음이 아니라 '기력이 충실한 곧음'이라는 점을 확실하게 표현하기 위해 直(직)을 사용하지 않고 貞(정)을 사용한 것으로 이해한다.
4) **肯綮全其節(긍경전기절)**: 肯綮(긍경)에서 肯(긍)은 뼈와 뼈

를 잇는 인대(ligament)이고, 緊(경)은 근육이 뼈에 붙기 위해 단단하게 굳어져 있는 근육의 끝부분인 힘줄(tendon)이다. 이 인대와 힘줄로 관절이 활의 힘을 지탱할 수 있도록 관절을 곧게 펴 주라는 뜻이다.

5) 彀來(구래): '활이 가득 당겨질 즈음에'라는 뜻이다. 발문 6문단에 나오는 彀來(구래)와 같은 뜻이다.

6) 直寫一畫(직사일획): 한 일(一) 자 획을 그리듯이 직선으로 당겨야 한다는 뜻이다. 만작 직전에 앞뒤 팔의 힘이 과녁을 향하여 일직선이 되도록 하는 것은 당연한 일이다. 제16편 6문단의 直放一字(직방일자)와 같은 뜻이다.

2 앞 팔이 뒤 팔을 이겨서도 안 되고, 뒤 팔이 앞 팔에 져서도 안 된다. 앞 팔과 뒤 팔의 기세에 터럭만큼의 차이가 있어서도 안 되며, 지극히 짧은 순간일지라도 힘이 한쪽 팔로 기울어지면 안 된다. (날짜를 알려고) 달의 모양을 헤아리듯 (힘과 기운을 자세하게) 헤아리고, (자신의 활 쏘는) 형세를 살펴 잘못된 점을 고쳐 나가며, 몸자세를 언덕과 같이 (굳건하게) 하는 것, 이것도 역시 실하게 함이라고 한다.

◎ 활을 열어 가는 어느 한순간에도 앞뒤의 힘이 조금도 한쪽으로 기울지 않게 하는 것과, 만작 상태에서 온몸이 굳건한 자세가 되게 함도 실하게 함이다. 앞 팔을 미리 쭉 펴 놓고 당기는 彎(만)의 법식으로는 불가능하고, 규규(規矩)의 거궁법에서 전거후집하

는 개궁법인 履(리)의 법식으로 가능하다.

　前不能勝與之後(전불능승여지후)하고, 後不能負與之前(후불능부여지전)하여, 前同後勢(전동후세)에 間不容髮(간불용발)하며, 寸陰是競(촌음시경)에 無以相傾(무이상경)이니라. 如圖旣望之月(여도기망지월)하고, 惟形承庸之德(유형승용지덕)하며, 而己如邱(이기여구)면, 則是爲之實也(즉시위지실야)니라.

7) 前同後勢(전동후세) 間不容髮(간불용발): 앞 팔을 밀고 뒤 팔을 붙잡아 당기는 기세(氣勢)에 터럭만큼의 기운 차이가 있어서도 안 된다는 말씀이다.
8) 寸陰是競(촌음시경) 無以相傾(무이상경): 앞 구절인 前同後勢(전동후세) 間不容髮(간불용발)과 같은 뜻이다. 지극히 짧은 순간이라도 앞 팔과 뒤 팔의 기세가 어느 한쪽으로 기울게 해서는 안 된다는 뜻이다.
9) 如圖旣望之月(여도기망지월): 圖(도)는 헤아린다는 뜻이고, 旣望之月(기망지월)은 보름이 지난 다음 날인 16일의 달을 말하는데, 보름달에 비해 약간 하현으로 기울어졌으므로 자세하게 관찰해야 보름달이 아니고 16일 날의 달인지 알 수 있다. 힘과 기운의 기미를 그렇게 자세하게 관찰하라는 비유이다. 달력이 흔치 않았던 옛날에는 달의 모양을 보고 날짜를 짐작하는 일은 일상사였다. 그런 문화 환경에서 나온 생

생한 비유이다.

10) **惟形承庸之德(유형승용지덕)**: 惟形(유형)에서의 形(형)은 '활쏘기 형세'이고, 惟(유)는 아래 문단에 있는 '惟幾也(유기야)' 부분에서 사용된 '살피다, 헤아리다'의 뜻과 같다. 承庸之德(승용지덕)은 『정사론』의 첫 부분인 사론(射論)에서 나온 것과 같이 『서경(書經)』 「우서(虞書) 익직 편(益稷篇)」에 있는 구절인 "格則承之庸之(격즉승지용지)"에서 사용된 의미와 같다. 즉 통치자가 잘못을 범한 사람이 그 잘못을 고치면 천거하여 등용하는 덕을 가지고 있듯이, 궁사도 자신의 잘못된 사법을 고치면 그 고친 사법으로 올바르게 활을 쏘는 덕을 가지게 된다는 비유이다.

3 (활쏘기 형세의) 허하게 함이란 다음과 같다. (만약) 앞 팔을 밀 때 (팔에서) 먼저 힘을 구하려고 하면, (올바른 개궁법인) (앞 팔을 들어 올리며 미는 전거(前擧)와 (뒤 팔을 내리누르며 붙잡아 당기는) 후집(後執)을 할 수 없게 되며, (개궁하는 과정에서 음악과 같은) 절주도 구할 수 없게 된다. (이리하여 결국) 앞 팔을 높이 들어 앞 팔 모양이 원이 되게 하고 뒤 팔을 높이 들어 뒤 팔 모양이 직각이 되게 하여 붙잡는 (올바른) 거궁 자세조차 하지 못하게 되고 만다.

◎ 활쏘기의 형세에서 허하게 함을 설명하기 시작한 문단이다. 거궁 자세에서 개궁을 시작할 때 팔에서 먼저 힘을 구하지 말고

팔을 허하게 해야 함을 강조하신 내용이다. 개궁 자세를 올바로 했다 하더라도, 활을 열기 시작할 때 팔에서 먼저 힘을 구하려고 하면, 개궁 동작인 전거와 후집이 제대로 되지 않는다. 골절의 순차적 힘을 거스르는 것이기 때문이다. 이렇게 되면 개궁 동작을 위해 준비한 거궁 자세가 아무런 쓸모가 없게 되고, 활을 밀고 당길 때 행하려던 절주도 이루어질 수 없게 된다. 이것이 굳어지면 올바른 거궁 자세를 포기하고 낮은 거궁으로 팔 힘만 가지고 직선으로 당기는 양궁식 개궁법으로 가 버리게 된다.

虛也者(허야자)는 前擧(전거)에 爲其先謀求力(위기선모구력)이면, 能無術規矩之所具(능무술규구지소구)하고, 能不制節奏之所比(능부제절주지소비)하여, 使不能前擧之正圓(사불능전거지정원)하고, 亦不能後執之正方(역불능후집지정방)이니라.

11) **能無術規矩之所具(능무술규구지소구)**: 올바로 갖추어진 거궁 자세인 규구(規矩)를 사용할 기술(방법)이 없게 된다는 뜻으로, 그 사용할 기술은 바로 올바른 개궁 동작을 가리킨다.

12) **能不制節奏之所比(능부제절주지소비)**: 올바른 개궁 동작이 되어야 그 동작에 음악의 가락처럼 절주가 있게 되는데, 올바른 개궁 동작이 이루어지지 않으면 행하려던 절주도 이룰 수 없게 된다. 이 구절을 직역하면 '절주가 갖추어지

는 바를 만들지 못한다'가 된다. 制(제)는 製(제)와 같은 의미이고 比(비)는 앞 구절의 具(구)와 같이 '갖추다'라는 뜻이다. 대구(對句)의 대자(對字)로 같은 글자를 피해 같은 뜻의 다른 글자를 사용한 것이다.

13) 前擧之正圓(전거지정원) 後執之正方(후집지정방): 거궁 자세인 前擧正圓之規(전거정원지규)와 後擧執方之矩(후거집방지구)에 대한 다른 표현이다.

4 (그러므로 활을 열려고) 힘을 쓰기 전에 먼저 (힘의) 조짐을 살펴야 한다. 그렇게 해야 온몸이 힘쓸 수 있는 모든 것을 다 할 수 있게 된다. 그러니 먼저 (힘의) 조짐을 살펴야 한다. 활을 들어 (팔에) 먼저 힘을 주고 나면, 그 다음에 (힘의 조짐을) 살피기는 어려워진다.

◎ 힘을 쓰기 전 힘의 조짐을 살피는 것에 대한 설명이다. 활을 열기 전에 힘의 조짐을 살피는 능력이 길러지면, 온몸의 기운 흐름을 살필 수 있게 될 날이 올 것이다. 그렇게 기운을 살피고, 기운을 부리는 뜻을 살피고, 뜻을 운용하는 마음까지 살필 수 있게 되면 정기정심(正氣正心)이 이루어질 것이다.

先動力而惟幾也(선동력이유기야)라, 故(고)로 能成四體之務(능성사체지무)하니 惟幾也(유기야)니라. 致之先發於擧弓之力(치지선발어거궁지력)이면, 則難治後料(즉난치후료)니라.

14) 先動力而惟幾也(선동력이유기야): 힘이 흐르려는 미세한 움직임과 방향을 조짐이라고 한다. 이 조짐을 정밀하게 관찰하여야 본격적으로 힘을 사용할 때 올바른 힘의 운용이 이루어진다.

15) 惟幾也(유기야): 이 구절은 『주역(周易)』「계사(繫辭)」 상편에 나오는 구절로 '조짐을 살핀다'라는 뜻이다. 청교 공께서 유학의 모든 경전을 읽으셨기에 이런 문장법이 나오는 것임을 염두에 두고 원문을 읽어야 한다. 『주역』의 해당 문장은 다음과 같다.

"夫易(부역)은 聖人之所以極深而研幾也(성인지소이극심이연기야)니, 唯深也(유심야)라 故(고)로 能通天下之志(능통천하지지)하며, 唯幾也(유기야)라 故(고)로 能成天下之務(능성천하지무)하며…: 대저 주역은 성인이 심오한 이치를 극진히 탐구하고 조짐을 연구한 것이다. 심오한 것을 살폈으므로 세상의 뜻을 통할 수 있으며, 조짐을 살피기 때문에 천하의 일을 성취할 수 있으며…"

힘의 조짐을 잘 살피라는 이 구절은 실하게 함을 설명한 앞의 문단 '如圖旣望之月(여도기망지월: 날짜를 알려고 달의 모양을 살핌)'과 상통한다.

16) 能成四體之務(능성사체지무): 四體(사체)는 四肢(사지)로 팔다리를 말하지만, 머리와 몸통을 합친 온몸을 가리키기도 한다. 활은 양팔로만 쏘는 것이 아니라 온몸으로 쏘아야 하기 때문에 이런 표현이 가능하다.

이 구절은 바로 앞에 소개한 『주역』의 '能成天下之務(능성천하지무)'라는 구절에서 '天下(천하)' 대신 '四體(사체)'가 들어간 것이다.

惟幾也(유기야), 故(고) 能成四體之務(능성사체지무)-『정사론』
惟幾也(유기야), 故(고) 能成天下之務(능성천하지무)-『주역』

이로 보아 이 문단에 사용된 惟幾也(유기야)의 구절이 『주역(周易)』「계사(繫辭)」에서 쓰인 의미로 사용되었음을 분명히 확인할 수 있다.

5 (또한) 마땅히 허하게 해야 할 기운을 (반대로) 실하게 하려고 하여, 도리어 몸이 흔들리고 자신의 활 쏘는 풍모까지 변동하기도 한다. 이것이 곧 바람에 흔들리는 나무같이 (불안한 활쏘기의) 형세인 것이다.

◎ 앞 문단에서 설명한 것처럼, 거궁하여 활을 열기 시작할 때는 양팔을 허하게 해야 하는데 당기기 전에 팔에 힘을 꽉 주어 경직시키면, 전거후집이 안 되고 자세도 흩트러져 팔과 몸이 흔들리게 된다.

當虛氣之欲實(당허기지욕실)하여 而反爲身撓(이반위신요)하고, 自己之射風(자기지사풍)이 則於斯動之者(즉어사

동지자)면, 右(우)는 如風木之勢也(여풍목지세야)니라.

17) 當虛氣之欲實(당허기지욕실): 여기서 之는 도치문을 만들 때 사용되는 조사의 용법으로 쓰였다. 이때 빈어(목적어)가 之의 앞으로 나오게 된다. 즉 '當虛氣(당허기)'가 도치된 빈어로, '마땅히 기운을 허하게(유연하게) 해야 함을'이라는 뜻이 된다. 물론 '欲實(욕실)'이 술어부이다.

6 힘을 쓰는 가운데 허함이 있으면 자연스럽게 실해지며, 실해지고자 하는 가운데 허함이 있으면 의도하지 않아도 실해지니, 허함이 있어야 실함이 있게 된다. 그러나 앞 팔이 약하여 뒤 팔이 앞 팔을 이기면, 앞 팔은 실해지기 위해 힘을 쓰게 되고, 뒤 팔이 약하여 앞 팔이 뒤 팔을 이기면, 뒤 팔은 실해지고자 몸을 뒤로 움직이게 된다. (그렇다면) 어떻게 해야 앞뒤의 힘을 동시에 실하게 할 수 있는 것일까?

動力之中(동력지중)에 有虛(유허)면 自然之間(자연지간)에 有實(유실)하며, 欲實之中(욕실지중)에 有虛(유허)면 無慮之間(무려지간)에 有實(유실)이니, 有虛(유허)라야 有實(유실)이니라. 而前弱後勝(이전약후승)이면 則前欲實而動力(즉전욕실이동력)하고, 後弱前勝(후약전승)이면 則後欲實而動體(즉후욕실이동체)니, 何以(하이)로 爲之爲其同實前後者哉(위지위기동실전후자재)아?

18) 無慮之間(무려지간): '생각으로 의도하지 않아도 저절로'라는 뜻이다. 여기서 慮는 謀思(모사: 도모하려는 생각)이다.
19) 有虛有實(유허유실): '허함이 있어야 실함이 있게 된다'는 뜻으로, 앞 팔뿐만 아니라 뒤 팔도 마찬가지다. 깍지를 낀 뒤 팔의 어깨를 실하게 한답시고 경직시켜 버리면(어깨에 힘을 주면) 만작을 할 수 없다. 앞 팔도 활을 밀기 전에 미리 힘을 주어 경직시키지 말고 허하게 해야 하듯이, 뒤 어깨의 관절도 당기기 전에 허하게 해야 한다. 실하고 강건함(굳건함)은 반드시 허하고 유연함을 바탕으로 나온다는 점을 강조하신 것이다.

7 대체로 보아 활쏘기에서 허하게 함과 실하게 함은 앞 팔을 원의 모양으로 하고 뒤 팔을 직각 모양으로 한 거궁 자세에서 절주 있게 활을 당기는 올바른 몸자세와 관계가 있다. 즉 앞 팔을 높이 들어 원의 모양이 되게 하고, 뒤 팔을 높이 들어 직각의 모양이 되게 거궁을 하는 것이다. (이 상태에서 활을 열 때) 앞 팔은 먼저 힘을 쓰려 하지 말 것이며, 뒤 팔은 (앞 팔의 미는 힘에 응하여) 다함없이 충실하게 붙잡아 당기면, 자연스럽게 (양팔이 동시에) 충실하게 되어 전거후집이라는 (개궁법)이 이루어진다. (그렇게 한 다음 앞뒤의 손을) 동시에 빨래 짜듯 짜면, 깍지는 저절로 떼어지며 시위는 썩은 줄 끊어지듯 떨어져 나갈 것이다.

◎ 활을 열기 전의 거궁 자세부터 개궁 동작과 발시 방법이 간단하면서도 자세하게 설명되어 있는 문단이다.

夫射之虛實者(부사지허실자)는 係於規矩節奏之正己(계어규구절주지정기)니, 則以擧爲規(즉이거위규)하고 以執爲矩(이집위구)하여, 前擧無慮(전거무려)하고 後執無窮(후집무궁)이면, 則自然之實(즉자연지실)하여 而東擧西執(이동거서집)하고, 同竝相織(동병상직)하면 自成分決(자성분결)하여, 而比如朽索之末也(이비여후색지말야)니라.

20) 東擧西執(동거서집): '前擧後執(전거후집)'을 달리 표현한 구절이다. 우궁을 기준으로 표현한 구절이다. 왼쪽은 동쪽이고 오른쪽은 서쪽이기 때문이다. (좌동우서(左東右西)라 한다.)
21) 前擧無慮(전거무려): 前擧(전거)는 앞 팔을 들어 올리며 미는 것이고, 無慮(무려)에서 慮(려)의 뜻은 謀思(모사: 도모하려는 생각), 먼저 힘을 쓰려고 도모하는 것을 가리킨다. 앞 문단 '허하게 함'을 설명한 내용인 '前擧爲其先謀求力(전거위기선모구력)'에서 '先謀求力(선모구력)'이 이 구절의 慮(려)와 의미상으로 완전하게 일치한다.
22) 後執無窮(후집무궁): 뒤 팔은 끊임없이 붙잡아 당겨야 한다는 뜻이다. 뒤 팔이 앞 팔에 지지 않도록 끊임없이 붙잡아 당기면, 앞뒤의 팔 어느 쪽에도 기울어짐이 없는(無以相

傾: 무이상경) 힘의 충실함이 이루어진다는 뜻이다.
23) 同竝相織(동병상직): 짤힘으로 깍지 떼는 법을 명쾌하게 설명한 구절이다. 앞뒤 팔을 동시에 나란히 빨래 짜듯 하면서 깍지를 떼는 것이다. (손가락이나 손목만으로 짜는 것이 아니고 팔 전체로 짜야 한다.) 이때도 밀고 당기는 기세가 (전거후집, 추사전신) 도도하게 이어져야 한다. 전거후집의 내적 기세는 깍지가 떨어진 후에도 계속 이어지게 하여 발시 후의 잔신현상(殘身現像)으로도 명확하게 나타나도록 해야 한다.
24) 自成分決(자성분결): 깍지가 저절로 떨어지는 것이다. 決(결)은 깍지, 分(분)은 깍지와 시위가 나누어지는 것을 가리킨다.

※『정사론』과『사예결해』의 깍지 떼기

『정사론』에서는 깍지 떼기를 同竝相織(동병상직)이라는 용어로 간결하게 정리했다. 서영보 선생이 이춘기 선생의 사법을 듣고 정리한『사예결해』에서는 깍지 떼기를 如拗澣衣(여요한의: 빨래한 옷을 비틀어 짠다)라고 정리하였다. 결국『정사론』의 同竝相織(동병상직)과 같은 말이다.

8 많이 습사하는 것에 대하여 말하자면, 하루에 100순을 공들여 습사하기로 작정하고 몇 년간 실천한다면, 가히 금석의 공을 이룰 수 있으리라 말할 수 있다. 오직 한마음으로 어

김이 없이 정성을 다하되 진실하여 헛되지 않게 실천한다면, 한결같이 정성스런 마음을 반드시 얻을 것이다. 오랫동안 공을 쌓으면 신묘해질 것이며, 신묘해지면 기이해질 것이며, 기이해지면 올바르게 될 것이며, 올바르게 되면 묘함이 그 안에 있게 되어 자연스럽게 흘러나올 것이다. 〈동시에 나란히 서로 짠다는 말은 실을 가지고 무언가를 짠다는 뜻이 아니다. 여러 기술이나 활쏘기를 배울 때 (어떤 동작을) 빨래를 짜는 모양처럼 하라는 말이다. 빨래를 하고도 짜지 않으면, 잿물에 삶은 옷이라도 깨끗해지지 않는다. (이와 마찬가지로) 활을 가득 당긴 상태에서 (빨래 짜듯이) 짜지 않으면 쏘아도 관중하지 못한다. (짠다는 말은) 활쏘기에서도 동일한 뜻이다.〉

言多射者(언다사자)하면, 日工百巡之約(일공백순지약)하고 而期於數年(이기어수년)하면 可道金石之工(가도금석지공)이니라. 若純一無違(약순일무위)하고 誠實無妄(성실무망)하면, 可得一精之心(가득일정지심)이 必也(필야)니라. 工久則神也(공구즉신야)요, 神也則奇也(신야즉기야)며, 奇也則正也(기야즉정야)요, 正也則妙有在(정야즉묘유재)하여, 而出於自然者也(이출어자연자야)니라. 〈同竝相織(동병상직)은 非絲(비사)라. 諸學諸射曰(제학제사왈) 漂織之形(표직지형)이라 하니, 若滌而不織(약척이부직)이면 湅而未潔(연이미결)이요, 若彎而無織(약만이무직)이면 發而不中(발이부중)이니 射亦此意(사역차의)니라.〉

25) 可道(가도): 말할 수 있다. 道의 훈음은 '말할 도'이다.
26) 金石之工(금석지공): 쇠(종, 솥 등)나 돌(비석 등)에 새겨서 전할 만한 공훈을 이르는 말로, 그처럼 훌륭한 공을 이룰 수 있다는 말씀이다.
27) 純一無違(순일무위): 순전하고 한결같이 마음과 동작을 어김없이 함.
28) 一精之心(일정지심): 활쏘기의 모든 동작에서 그 정성스러운 마음을 한결같이 하는 것.

제15편
오로지 바른 마음으로 활을 쏨

1 바른 마음으로 활을 쏜다는 말은, 과녁을 쏠 때의 바른 마음만 가리키는 것이 아니다. 마음이란 심장 가운데 감추어진 것으로 형체들의 임금이며 신명의 주인이다. 만약 사람이 입을 닫고 말은 하지 않더라도 때에 맞추어 (바른) 마음을 내어 모든 일을 (바르게) 한다면, 공명과 부귀를 얻을 수 있을 것이다. (그러나) 사물에 대한 욕심으로 재물의 이익이나 점치면서, 공과 사, 참과 거짓의 사이에서 우왕좌왕하는 사람은 아침저녁으로 마음이 바뀐다. 그렇게 마음이 변하면서 100가지로 갈라져 돌아다니니, 머리는 혼란스럽고 마음은 안정되지 못하게 된다.

◎ 이 편에서는 활쏘기에서 가장 중요한 것은 바른 마음으로 활을 쏘는 것임을 밝히셨다. 아무리 과녁을 백발백중해도 그 궁사의 마음이 바르지 못하면 아무짝에도 쓸모가 없다는 말씀이다. 참으로 오늘날 궁사들이 가슴 깊이 새겨야 할 귀한 말씀이다.

第十五(제십오)
正心之射(정심지사)는 非徒射帿之正心(비도사후지정심)이니, 心者(심자)는 火藏形之君(화장형지군)이요 神明之主

(신명지주)니라. 若人也閉口不宣(약인야폐구불선)이라도 與時生心(여시생심)하여 而使於萬事(이사어만사)하면, 則占得功名之富貴(즉점득공명지부귀)나, 卜肆財利之物欲(복사재리지물욕)하며 公私眞僞(공사진위)에 往斯覆彼者(왕사복피자)는 朝改夕變(조개석변)으로 心歸百行(심귀백행)하여 惱撓不定(뇌요부정)이니라.

1) 射帿(사후): 천으로 만든 과녁, 또는 그 과녁을 쏘는 행위인데, 여기서는 과녁을 쏘는 행위, 즉 활쏘기를 뜻한다.
2) 火藏(화장): 오행(五行) 가운데 화(火)가 감추어진 곳이라는 뜻으로 심장(心臟)을 가리킨다. 옛 사람들은 이 심장 속에 보이지 않는(무형의) 마음이 있어 온몸의 형체를(사지백체를) 마치 임금처럼 주관한다고 생각했다.
3) 形之君 神明之主(형지군 신명지주): '형체들을 지배하는 임금이며 신명의 주인'이라는 뜻으로 마음을 설명한 구절이다. 『순자(荀子)』「해폐 편(解蔽篇)」에 "心者(심자)는 形之君也(형지군야)요, 而神明之主也(이신명지주야)니라"라는 구절이 있다. 여기서 형체(形)는 사지백체(四肢百體), 즉 온몸을 가리킨다.
4) 閉口不宣(폐구불선): 입을 닫고 아무런 말도 하지 않음.
5) 卜肆(복사): 점을 치는 집, 점을 치는 곳. 여기서는 이리저리 점을 치듯이 머리를 굴리는 행위를 가리킨다.

2 만약 마음이 있는 곳에 공평함이 적고 사사로움이 많으며, 참을 버리고 거짓에 힘쓴다면, 저절로 간사한 일을 하게 된다. 다른 사람은 그 잘못을 저지르려는 마음을 알지 못할지라도, 신명의 주인인 (자신의 마음조차) 모르는 것은 아니다. 그러나 신명이 그 (바르지 않은) 뜻을 따르니, (마음도 결국) 그 간사함을 금하지 못하게 되고 만다.

若心之所在(약심지소재)에 微公多私(미공다사)하고 舍眞務僞(사진무위)하면, 則自營姦邪(즉자영간사)하리니, 外不能知其作迕之心(외불능지기작오지심)이라도 神明之主(신명지주)는 非不知(비부지)로대, 而神明(이신명)이 亦隨其意(역수기의)하니 不能禁詐(불능금사)니라.

3 어떤 사람이 도달했다고 하는 마음 (경지가) 궁사들 세계에 알려지고, (실제로 그가) 활쏘기의 훌륭한 방법도 얻었다 하자. 그렇다고 (그것만으로) 그가 나라를 지킬 수 있는 훌륭한 인재라고 어떻게 알 수 있겠는가? 그러므로 (공자께서) 확상의 (들판에서) 사례(射禮)를 행하실 때, (바른) 마음을 보고자 세 번에 걸쳐 (마음이 바르지 못한) 무리들을 물리치신 것이다.

若人心所到(약인심소도)가 可須薦名於射類(가수천명어사류)하고 而雖有得路於弓藝(이수유득로어궁예)라도, 未知

何也之干城者哉(미지하야지간성자재)인저! 故(고)로 矍相
之射(확상지사)에 觀其心(관기심)하여 而其三也而黜也(이
기삼야이출야)시니라.

- 6) 若人(약인): 어떤 사람.
- 7) 薦名(천명): 이름이 드러나는 것.
- 8) 射類(사류): '활 쏘는 무리'로 궁사들의 세계를 가리킨다.
- 9) 得路(득로): 방법을 얻다. 路(로)는 道(도)와 같다. 道(도)는 '방법'이다.
- 10) 弓藝(궁예): 射藝(사예)와 같은 말이다. 우리는 활 쏘는 행위를 '활쏘기'라고 불렀고, 한자어로는 弓術(궁술)이라 불렀다. 육예(六藝)의 하나로서는 射藝(사예)라고 불렀으며, 또한 이렇게 弓藝(궁예)라고도 불렀고, 그 법칙을 射法(사법)이라 하였다. 弓道(궁도)라는 말은 일본어에서 왔다. 일본의 활쏘기인 弓道(규도)를 우리 발음으로 읽는 것이다.
- 11) 矍相之射(확상지사): 공자께서 확상의 들판에서 행하신 사례(射禮)를 말한다. 이때 3종류의 마음이 바르지 못한 사람들을 3차에 걸쳐 사례에 참석하지 못하게 물리치셨다. 『예기(禮記)』「사의 편(射儀篇)」에 자세한 내용이 나온다.

4 사예에서 바른 마음을 말하는 이유는 (사예를 통해 그 사람이) 슬기로워 관리가 될 수 있는지를 알 수 있기 때문이다. 이런 까닭에 예로부터 천하를 다스리는 자가 사예로써 다스

리고, 사예로써 위엄을 세웠으니, 이는 사예가 마음을 바르게 한 다음 나라를 지키는 훌륭한 인재가 되도록 하기 때문이다.

◎ 이 문단에서도 보이듯이 『정사론』은 단순히 활을 쏘는 비법만 말하는 것이 아니라, 사예로 심신을 수련해 나라의 간성이 되도록 하려는 것임도 알 수 있다. 나라의 간성이 되는 것은 어렵더라도 최소한 자신의 능력껏 나라와 이웃에 조금이라도 도움이 되는 삶을 산다면 진정한 사예인일 것이다.

言射之正心者(언사지정심자)는 知人哲而能官人也(지인철이능관인야)니, 則自上古之世(즉자상고지세)로 天下之政者(천하지정자)가 治之以射(치지이사)하고 威之以射(위지이사)하니, 則射者(즉사자)는 正心然後(정심연후)에 至其爲干城者(지기위간성자)니라.

5 그러므로 사예를 행하는 도는 오직 마음을 바르게 하는 것일 뿐이다. 이리하여 사예를 논할 때는 (언제나) 바름이라는 말과 함께 논했으며, 과녁 쏘기는 (언제나) 마음이라는 말과 함께 설명했다. 그런즉 몸을 수양하고 집안과 나라와 천하를 다스림이 (모두) 마음을 바르게 하는 데에 달려 있다 할 것이다. 이 어찌 두려워하지 않을 수 있겠는가?

◎ "사예를 행하는 도는 오직 마음을 바르게 하는 것일 뿐이

다." 필자가 30년간 활을 쏘면서 '내가 왜 활을 쏘는가?'라고 끝없이 던진 질문, 그 질문에 대한 해답이 바로 이 문단에 있다. 너무나 부족한 사람으로서 감히 대하기가 두렵고 막막한 말씀이지만, 이것 말고는 다른 해답이 없다.

故(고)로 爲射之道(위사지도)는 直正心焉而已(직정심언이이)니, 是以(시이)로 論射曰比於正(논사왈비어정)이요, 射侯曰比於心(사후왈비어심)이니, 然則(연즉) 修齊治平(수제치평)이 繫於正心者也(계어정심자야)라. 恐是(공시)가 何如哉(하여재)아?

12) 直(직): 다만, 오직.
13) 論射(논사): 사예(활쏘기) 일반(전반)에 관해 논하는 것이다.
14) 曰比於正(왈비어정): 글자 그대로 직역하면 '正을 따라서 나란히 말했다'가 된다. 즉 사예를 논할 때는 언제나 바름(正)이라는 말이 빠지지 않았다는 뜻이다. 물론 여기서 比를 '비유하다'라는 뜻으로 풀어도 된다.
15) 射侯(사후): '과녁을 쏘다'라는 뜻이지만 여기서는 과녁을 쏘아 맞히는 방법으로, 활쏘기의 기술적 측면을 논할 때이다.
16) 曰比於心(왈비어심): 마음이라는 말과 함께 말했다. 이 또한 활을 쏘아 맞추는 기술적인 이야기를 할 때는 마음이라는 말을 빠뜨리지 않았다는 뜻이다.

17) 修齊治平(수제치평): 『대학(大學)』의 8조목 가운데 4조목으로 수신(修身), 제가(齊家), 치국(治國), 평천하(平天下)를 줄인 구절이다. 여기서는 제가(齊家)를 집안을 다스리는 것으로 번역했으나 실제는 대부(大夫)가 다스리는 영지(領地)를 가(家)라고 한다. 제후(諸侯)가 다스리는 영지는 국(國)이다.

※ 『대학(大學)』의 8조목(八條目)

『대학』은 본래 『예기(禮記)』에 속한 한 편(一篇)이었으나 송나라 주자(朱子)에 의해 사서(四書)의 하나로 지정되며, 이후 중국뿐 아니라 우리나라에서도 매우 중요한 유교 경전이 되었다. 『대학』의 8조목은 다음과 같다.

① 格物(격물): 사물의 이치를 궁구한다.
② 致知(치지): 올바른 앎에 이른다.
③ 誠意(성의): 뜻을 정성스럽게 한다.
④ 正心(정심): 마음을 바르게 한다.
⑤ 修身(수신): 몸을 수양한다.
⑥ 齊家(제가): 집안을 다스린다.
⑦ 治國(치국): 나라를 다스린다.
⑧ 平天下(평천하): 온 세상을 평안하게 한다.

8조목 가운데 수신을 가장 근본으로 삼았는데, 격물로부터 정심까지는 수신을 위한 방법이 되고, 제가부터 평천하는 수신이 이루어진 다음의 활동이라고 보았기 때문이다. 그 수신의 가장 직접적인 수양법이 정심이므로, 『정사론』에서도 활쏘기를 수신의 방편으로 보아 정심을 강조하였다.

제16편
양 눈으로 과녁을 보는 법

1 양 눈으로 과녁을 보고 활 쏘는 법에 대해 설명한다. 우궁의 경우로 설명한다. 먼저 오른눈으로만 과녁을 보아 줌통의 오른쪽에 과녁이 보이게 한다. 다음에는 왼눈으로만 과녁을 보아 과녁이 줌통의 왼쪽에 보이게 한다. 마지막으로, 양 눈 모두 과녁을 보아 줌통이 과녁을 가리게 한다. 이렇게 과녁이 보이다가 보이지 않다가 하는 가운데 코가 (저절로) 과녁을 정면으로 마주 대하게 될 것이다.

◎ 이 편은 활을 당긴 다음 과녁을 보는 방법에 대해 설명한다. 미세한 조준에 들어가기 전의 개략적인 조준법이라고 보면 된다. 먼저 얼굴의 중심인 코의 방향을 과녁의 중앙 수직선과 일치시키는 구체적인 방법을 설명한다.

第十六(제십육)
示其革(시기혁)하되 而以兩目(이이양목)으로 示而射之(시이사지)를 論之(논지)하노라. 右弓(우궁)이 獨示右目(독시우목)하면 則示其革(즉시기혁)하되 而示其專弝之前(이시기전파지전)하고, 獨示左目(독시좌목)하면 則示其徒弝之後(즉시기도파지후)니라. 以兩目(이양목)으로 示其竝(시기병)하면 則蔽其革於弝者(즉폐기혁어파자)니라. 如是(여시) 示不示之間(시불시지간)에 弝之對者(파지대자)가 爲其鼻 也 (위기비야)니라.

1) 獨示右目(독시우목): 오른눈으로만 보다. (왼눈을 감으면 더 확실하다.)
2) 示其專弝之前(시기전파지전): 오직 줌통의 앞쪽(오른쪽)만 보다.
3) 示其徒弝之後(시기도파지후): 다만 줌통의 뒤쪽(왼쪽)만 보다.
4) 蔽其革於弝者(폐기혁어파자): 줌통으로 과녁을 가리다.

2 코는 양 눈 사이의 안쪽 한계선에 있으며 또한 얼굴의 가운데 있다. 따라서 얼굴이 (과녁을) 정면으로 대하면 코가 (과녁을) 정면으로 대하게 되고, 코가 (과녁을) 정면으로 대하면 눈도 (과녁을) 정면으로 대하게 된다. 줌통을 볼 때는 코가 줌통을 둘로 나누듯 코가 줌통의 가운데를 향하게 한다. 줌통은 손 안에서 조화를 부리는 것이다. 과녁을 볼 때는 줌통의 가운데가 과녁을 둘로 나누듯, (줌통의 가운데를) 과녁 중앙 수직선과 일치시킨다.

◎ 이리하여 얼굴과 코와 양 눈이 과녁과 정면으로 마주하게 된다. 『조선의 궁술』에 "몸은 곧은 형세로 서서 관혁과 정면으로 향

하여야 하나니, 속담에 관혁이 이마 바로 선다 함이 이를 이른 바이니라"라는 내용과 일치한다. 우리 활은 과녁을 옆으로 비껴 서는 측사법(側射法)이 아닌 정사법(正射法)이다. 이 저서의 이름도 『정사론(正射論)』임을 여기서 다시 한번 상기할 필요가 있다.

鼻者(비자)는 爲之兩眼之艮(위지양안지간)과 面相之中也(면상지중야)니, 面正然後(면정연후)에 鼻正(비정)하고, 鼻正然後(비정연후)에 眼正也(안정야)니라. 示其弝者(시기파자)를 鼻之爲一判(비지위일판)이니, 弝者(파자)는 手中之造化(수중지조화)니라. 示其革者(시기혁자)는 弝之爲一判(파지위일판)이니라.

5) 艮(간): 한계(限界)라는 뜻을 가지고 있다. 여기서는 코가 양 눈의 안쪽에서 양 눈의 한계선을 이루기 때문에 이렇게 표현한 것이다.
6) 爲一判(위일판): 일직선으로 나누다(가르다). 즉 그 중심을 나누어(判) 일직선(一)에 있도록 하는(爲) 것을 뜻한다.

※ 手中之造化(수중지조화)인 줌통
수중지조화는 손 안에서 조화를 일으키는 것이라는 뜻인데, 줌통의 기능에 대한 간략한 설명이기도 하고, 줌통의 별명이라 보아도 될 것이다. 다른 사법서에서 볼 수 없는 줌통에 대한 재미있는 표현이다. 대부분 크게 중요시하지 않는 줌통의 묘한 이치를

생각하게 한다. 줌통을 어떻게 잡느냐, 만작한 후 발시하기 전에 어떻게 줌통에 힘을 가해야 하느냐 등의 문제는 시수를 내는 데 뿐만 아니라, 몸의 부상을 방지하는 중요한 문제요, 발시 이후의 쾌적한 느낌(기운 소통)을 이루는 중요한 요소이다.

3 만약 과녁을 볼 때 과녁이 줌통 위나 아래로 보이면, 자신에게 알맞은 (높이를) 정하여, 줌통의 가운데가 과녁을 둘로 나누듯, 줌통의 가운데를 과녁의 중앙 수직선과 일치시키면 된다.

◎ 활의 세기와 화살의 무게에 따라 줌손이 올라가고 내려가는 경우가 생기는데 이때도 줌통의 중앙이 과녁의 중앙 수직선과 일치해야 한다는 말씀이다.

若示其革(약시기혁)하되 而示其弝上(이시기파상)이나 弝下(파하)면, 則從所自己之宜(즉종소자기지의)하여 爲其一判(위기일판)이 是也(시야)니라.

7) 從所自己之宜(종소자기지의): 자기에게 알맞은 바를 따라서, 즉 화살의 비행거리에 알맞은 줌손(줌통) 높이를 기준으로 하라는 뜻이다.
8) 是也(시야): 옳다. 그렇게 하면 된다.

4 만약 과녁을 볼 때 과녁이 줌통의 앞이나 뒤에 있으면, 깍지손은 그대로 두고 줌손을 (왼쪽이나 오른쪽으로) 밀어서, (줌통이 과녁의 중심으로 향하게 한다.) 깍지손의 기세를 충실하게 했다면 이렇게 하는 것이 옳다.

若示其革(약시기혁)하되 而示其弝前(이시기파전)이나 弝後(파후)면, 則遺其後者(즉유기후자)하고 推其前者(추기전자)니라. 實其後勢(실기후세)면 則似之(즉사지)가 是也(시야)니라.

9) 遺其後者(유기후자) 推其前者(추기전자): 깍지손을 그대로 두고 앞 손을 밀어서 좌우를 조정하라는 뜻이다. 물론 그렇게 하는 과정에 깍지손이 딸려 나가지 않도록 깍지손의 기세를 충실하게 해야 한다.
10) 似之是也(사지시야): 似之는 '이와 같이 하는 것이'라는 주어부(主語部)이고, 是也(시야)는 '옳다'라는 술어부(術語部)이다.

5 만약 과녁을 볼 때 줌통이 과녁을 가리면, (가려지는 대로) 줌통이 과녁을 둘로 나누듯, 줌통의 가운데를 과녁의 중앙 수직선과 일치시키는 것이 옳다.

◎ 과녁이 보이지 않더라도 줌통은 과녁의 중심을 향하도록 해

야 한다. 다만 정확한 높이는 나름대로 방법을 강구해야 할 것이다. 이는 소위 묵관 또는 먹관이라고 하는데, 이런 상태에서도 표를 강구하여 시수를 내는 궁사도 많다.

若示其革(약시기혁)하되 而掩其弝(이엄기파)면, 則示其弝之爲一判(즉시기파지위일판)이 是也(시야)니라.

6 그러나 (위에 말한) 4가지 과녁 보는 것 가운데 유리한 방법은 (활이 가득 당겨질 즈음에) 과녁을 줌통의 약간 앞에 두고, 깍지손의 엄지, 검지를 힘을 다해 일직선으로 당기는 것이다. 그렇게 하려면 깍지손의 팔꿈치를 높이 끌면서 (과녁을) 보아야 한다. (이렇게 하는 것이) 어떠한가?

◎『정사론』에서는 화살촉으로 과녁을 겨냥하는 방법은 설명하지 않는다. 이를 몰라서가 아니라, 촉으로 과녁을 조준하는 사람이 드물었기 때문이다.

然(연)이나 示其四者中(시기사자중)에 利之者(이지자)는 示其弝前之微(시기파전지미)하고, 而後執二指者(이후집이지자)로 爲肆(위사)하여 其能直放一字(기능직방일자)니, 則要之爲上矩觀者(즉요지위상구관자)니라. 何如(하여)오?

11) **示其四者中(시기사자중)**: '과녁 보는 4가지 가운데'인데, 줌손의 위, 아래, 앞, 뒤의 4가지이다. 과녁이 가려서 안 보이는 경우는 제외했다. 이 편은 정궁(큰활)보다는 목궁이나 일반 각궁을 쏘는 법에 대한 설명임을 알 수 있다. 정궁으로 육량전을 쏠 경우에는 해당하지 않는 사항들이기 때문이다.

12) **肆(사)**: 힘쓰다(力也), 힘을 다하다(極力), 펴다, 버리다, 늦추다 등의 뜻으로 깍지를 떼기 위한 용력(用力)을 표현한 단어로 본다.

13) **直放一字(직방일자)**: 곧게(直) 일자(一字)처럼 (직선으로) 당기라는 뜻이다. 제14편 1문단의 直寫一畫(직사일획)과 같은 뜻이다. 이 구절 또한 만작할 즈음에서 활을 밀고 당기는 힘의 방향과 관련된 내용이다.

14) **要之爲上矩觀者(요지위상구관자)**: 여기서 矩는 곱자처럼 ㄱ 자 모양으로 꺾인 뒤 팔을 가리킨다. 그 팔을 높이(上) 들어서 끌면서 과녁을 보는 것이 요구된다는 뜻이다. 그러면 왼쪽은 줌손의 주먹이 보이고 오른쪽은 화살대가 보일 것이며, 그 가운데로 과녁이 보일 것이다.

15) **何如(하여)**: '이같이 하는 것이 어떠한가?'로, 사실상 그렇게 하기를 권하는 말씀이다.

제17편
6가지를 한결같이 함

1 활을 잘 쏘는 사람을 한결같이 하는 사람이라 한다. 그러나 과녁만 잘 맞힌다고 하여 그를 한결같이 하는 사람이라 말할 수는 없다. 한결같이 하는 것의 6가지 태도를 보자면, 첫째, (거궁 자세의) 앞 팔 모양이 한결같고, 둘째, (거궁 자세의) 뒤 팔 모양도 한결같고, 셋째, (개궁 동작의) 앞 팔 동작이 한결같고, 넷째, (개궁 동작의) 뒤 팔 동작도 한결같고, 다섯째, 깍지를 떼는 것이 한결같고, 여섯째, 화살의 비행이 한결같다. (이와 같은 6가지의 모든) 동작과 태도가 한결같지 않음이 없어야, 비로소 한결같이 하는 사람이라는 이름을 얻을 수 있다. 이렇게 할 수 있으면 신사(초보자)가 아니라 구사(숙련자)라고 말할 수 있다.

◎ 활쏘기의 모든 자세와 동작이 한결같아야 함을 설명하신 문단이다. 거궁 자세의 앞과 뒤의 모습, 개궁 동작의 앞과 뒤의 모양, 발시 동작인 깍지를 땜과 발시 후 화살 비행, 이렇게 활쏘기의 3단계를 6조목으로 나누어 한결같이 해야 함을 설명하셨다.

第十七(제십칠)
善射(선사)를 謂之一者(위지일자)라 하나, 非徒善射(비도

선사)를 一者(일자)니라. 觀其一者之六度(관기일자지육도)
하면, 第(제)擧其前(거기전)이 一(일)이요, 執其後(집기후)
가 一(일)이요, 示其左(시기좌)가 一(일)이요, 示其右(시기
우)가 一(일)이요, 黜其決(출기결)이 一(일)이요, 行其矢(행
기시)가 一(일)이니라. 動作(동작)과 態度(태도)가 無非爲一
字(무비위일자) 然後(연후)에 可須一者之名(가수일자지명)
이니, 此一節(차일절)로 不言新(불언신)하고 言舊射也(언구
사야)니라.

1) 一者(일자): '한결같이 하는 사람'이라는 뜻인데, 활터에서 농담으로 '기계'라 하기도 한다. 자세와 동작을 늘 한결같이 하는 사람을 말한다.
2) 非徒善射(비도선사): 문단 첫머리 善射(선사)는 '활을 잘 쏘는 사람'이라는 뜻이지만, 이곳의 善射(선사)는 '단지 과녁을 잘 맞히는 사람'을 가리킨다.
3) 觀其一者之六度(관기일자지육도): 직역하면 '한결같이 함의 여섯 가지 태도를 보자면'이 된다.
4) 第(제): 여러 사항을 나열할 때 상투적으로 사용하는 글자이다.
5) 擧其前一(거기전일) 執其後一(집기후일): 활쏘기의 첫 단계인 거궁 자세의 앞뒤 팔 자세에 대한 설명이다. 당연히 前擧正圓之規(전거정원지규)와 後擧執方之矩(후거집방지구)의 거궁법을 한결같이 하라는 말씀이다.

6) 示其左一(시기좌일) 示其右一(시기우일): 활쏘기의 두 번째 단계인 개궁 동작의 앞뒤 모양에 대한 설명이다. 示其左一(시기좌일)을 직역하면 '그 왼쪽의 보여짐이 한결같다'가 된다. 이는 줌통을 잡은 앞 팔의 움직이는 모양을 한결같이 지구의 경도선(날줄)을 그리듯 하라는 뜻이며, 示其右一(시기우일)은 깍지를 잡은 뒤 팔의 움직이는 모양을 한결같이 지구의 위도선(씨줄)을 그리듯 하라는 뜻이다. 즉 개궁 동작인 전거와 후집을 한결같이 하라는 말씀이다.

7) 黜其決一(출기결일) 行其矢一(행기시일): 활쏘기의 세 번째 단계인 발시 동작에 대한 설명이다. 발시 방법은 추사전신(推射轉身)의 기세(氣勢)로 동병상직(同並相織)하며 절파절현(折把絕弦)하는 것이다. 이를 한결같이 해야 하며, 이를 통해 화살의 비행도 한결같이 하라는 말씀이다. 추사전신(推射轉身)은 제8편 2문단 주석을 참고하고, 동병상직(同並相織)은 제14편 7문단 주석을, 절파절현(折把絕弦)은 21편 11문단 주석을 참고하기 바란다. 黜(출)을 點(점)으로 오독하기 쉽다.

2 신사(초보자)는 3년이 지나야 겨우 신사라는 이름을 면할 수 있고, 5년이 지나면 구사(숙련자)의 대열에 들어갔다고 말할 수 있다. 활을 쏜 지 10년이 지나면 그 궁사의 (재질을) 판단할 수 있다. 활을 10년간 쏘았는데도 명예로운 이름을 얻지 못하면 비록 계속 활을 쏜다고 해도 사예(射藝)인들의 세

계에 이름을 날리지는 못할 것이다.

　新者(신자)는 射過三載(사과삼재)하여야 乃纔免新射(내재면신사)하며, 過五冬(과오동)이면 乃道入量舊者(내도입량구자)니라. 射經十曆(사경십력)이면 使乃造判也(사내조판야)니라. 若射十年(약사십년)에 不能名譽(불능명예)면 雖射(수사)라도 不可等於射軒之顯名也(불가등어사헌지현명야)니라.

8) 乃纔(내재): 이에 겨우
9) 五冬(오동): 다섯 번의 겨울을 지나는 것이니 곧 5년이다.
10) 射軒(사헌): 글자 그대로는 '활 쏘는 집'이나 구체적인 내용을 알 수 없다. '사예인들의 세계'라고 일단 해석해도 원문이 말하려는 의도에 어긋나지 않을 것이다.

제18편
힘찬 활쏘기의 위엄 있는 소리

1 굳센 활을 잘 쏜다는 것은 많이 쏘아서 사법을 터득했다는 뜻이다. 그리하여 활을 쏘면 화살이 낮고 빠르게 날아간다. 이는 궁사의 기운도 강하고 활도 굳세기 때문이며, 깍지를 떼어 활장이 되돌아갈 때 '붕~, 횡~' 하는 소리가 난다.

◎ 이 편(篇)에서는 힘이 강한 궁사가 강한 활로 올바른 개궁법인 전거와 후집을 통해 발시한 활 소리의 장엄함을 표현하였다. 또한 무사의 강인한 정신도 아울러 표현한 것으로, 공께서 이상적으로 생각하시던 활쏘기라 생각된다.

第十八(제십팔)
善射剛弓者(선사강궁자)는 必有多射成道(필유다사성도)니, 故(고)로 放射(방사)에 矢去者(시거자)가 卑而疾之(비이질지)니라. 此(차)는 人氣可强(인기가강)하고 弓者亦剛(궁자역강)이며, 翻決後退(번결후퇴)에 弓聲弸彋(궁성붕횡)이니라.

1) 翻決後退(번결후퇴): 翻決(번결)은 깍지손을 떼는 동작이고, 後退(후퇴)는 시위가 되돌아가며 활장이 복원되는 현상이다.

2 '붕~' 소리는 발사한 후 활장이 되돌아가면서 위엄 있게 진동하는 소리이고, '횡~' 소리는 시위가 화살을 기세 있게 보내며 진동하는 소리이다. 이를 본 궁사들이 자신도 그렇게 해 보려 하지만, 비슷한 정도의 '붕~, 횡~'에도 감히 도달하지 못한다.

彃者(붕자)는 發射弓反之威(발사반궁지위)요, 㻋者(횡자)는 應弦矢去之勢(응현시거지세)니라. 觀者(관자)가 如右欲有(여우욕유)나, 而不敢致其尙之彃㻋也(이불감치기상지붕횡야)니라.

2) 尙之彃㻋(상지붕횡): 그런대로의(비슷한 정도의) 붕횡.

3 이렇게 '붕~, 횡~' 하는 소리가 나려면, 첫째, 사람의 기운이 강해야 하고, 둘째, 활도 굳세어야 하며, 셋째, 전거와 후집이 (제대로) 이루어진 다음에 깍지를 떼어야 한다. 이 3가지 가운데 하나라도 합당하지 않으면, 호랑이를 그리려다 개를 그리는 격이 될 것이다.

若如是爲彃(약여시위붕)이면, 人弓俱强(인궁구강)하고, 決有前擧後執然後(결유전거후집연후)라야 使乃得矣(사내득의)니라. 若不能三之一合(약불능삼지일합)이면, 反爲畵虎而成狗矣(반위화호이성구의)니라.

정사론 원문 번역과 주해 · 147

3) **畵虎而成狗(화호이성구)**: 제9편 주석 1) 畵虎不成者(화호불성자)를 참고하기 바란다.

제19편
활이 거처하는 궁실을 바르게

1 살걸음이 빠르지 못한 것은 (자세와 동작에) 허약한 부분이 있다는 증표이다. 몸자세가 바라는 대로 되지 않고 마음가짐도 바라는 대로 안 되어, 전거(前擧)를 (제대로) 못 해 날줄(經)을 잃고, 후집(後執)을 (제대로) 못 해 씨줄(緯)을 잃어버리니, (발시할 때의) 빨래 짜듯 함도 결국 이루어지지 않게 된 것이다.

◎ 이 편은 올바른 개궁법인 전거와 후집의 중요함을 설명하면서, 전거와 후집을 제대로 하려면 그 전제가 되는 올바른 거궁 자세, 즉 전거정원과 후거집방이 먼저 제대로 이루어져야 함을 강조한다.

第十九(제십구)
箭去不疾者(전거부질자)는 旣虛之類(기허지류)라. 己不得於期(기부득어기)하고 心不得於求(심부득어구)하여, 前失其經(전실기경)하고 後忘其緯(후망기위)하니, 織(직)도 遂不成也(수불성야)니라.

1) 己不得於期(기부득어기): 여기서 己(기)는 몸자세라는 뜻으

로 몸자세가 기대하는 대로 되지 않았다는 뜻이다.
2) **前失其經(전실기경)**: 활을 밀고 당길 때 줌손이 움직이는 경로를 경(經: 날줄)이라 한다. 따라서 경을 잃었다는 말은 전거를(미는 동작을) 제대로 못 했다는 뜻이다.
3) **後忘其緯(후망기위)**: 활을 밀고 당길 때 깍지손이 움직이는 경로를 위(緯: 씨줄)라고 한다. 따라서 위를 잃었다는 말은 후집을(당기는 동작을) 제대로 못 했다는 뜻이다.
4) **織(직)**: 『정사론』의 발시 동작 동병상직(同竝相織)을 한 글자로 줄여서 표현한 말이다. 전거후집은 개궁에서 만작까지의 동작과 자세를 중심으로 설명하는 말이지만 동병상직에도 계속 이어지며, 동병상직은 발시 순간의 동작과 용력법으로, 전거후집이 안 되면 동병상직도 제대로 될 수가 없다.
5) **遂不成也(수불성야)**: 드디어(결국) 이루어지지 않게 된다.

2 전거의 날줄과 후집의 씨줄을 잃어버리면 화살은 속도가 빠르지 못하고 높이 떠서 꼬리를 흔들며 날아간다. 이렇게 되는 이유는 궁사가 몸자세를 가짐에 있어, 줌손 쪽의 겨드랑이를 높이고, 깍지손 쪽의 허리를 낮추니, 저절로 자세가 바르지 않게 되고, 궁실도 찌그러지기 때문이다.

失其經緯(실기경위)면 則箭可不疾(즉전가부질)하고 而浮高戰慄(이부고전률)이니라. 此(차)는 所以爲其形者(소이위기형자)가 前高其腋(전고기액)하고 後短其腰(후단기요)하니, 自衺不正(자사부정)으로 亦敗弓室(역패궁실)이니라.

6) 失其經緯(실기경위): 활을 열 때 줌손은 높은 곳에서 지구의 경도선을 그리듯 내려와야 하고, 깍지손은 지구의 위도선을 그리듯 뒤로 물러나야 하는데, 이것을 잃었다는 뜻이다. 거궁 자세인 전거정원의 규(規)와 후거집방의 구(矩)가 안 되었으므로 결국 개궁 동작에 있어 전거의 자취인 경(經)과 후집의 자취인 위(緯)를 잃게 된 것이다.

7) 戰慄(전율): 화살이 꼬리를 흔들며 날아가는 모양이 마치 두려워서 덜덜 떠는 모습과 같다고 하여 재미있게 표현한 말이다.

8) 前高其腋(전고기액) 後短其腰(후단기요): 앞 팔의 어깨가 광대뼈 쪽으로 불끈 솟으니 겨드랑이가 딸려 올라간 모습이고, 뒤 팔은 아래로 축 처지니 옆구리가 짧아진 모습이다. 이렇게 되면 몸통이 많이 구부러져서 흉한 모양이 된다. 활도 몸과 따로 놀게 되니, 궁실(弓室)이 망가진 상태라고 할 수 있다.

9) 衺(사): 비뚤어지다(不正). 몸을 똑바로 세우지 않고 비뚤어지게 세움, 즉 몸이 좌우나 앞뒤로 휘어지는 것을 말한다. 衺(사)는 衰(쇠: 쇠하다)와 비슷하여 오독하기 쉽다.

10) 敗(패): 『정사론』 특유의 사예 용어이다. 찌그러지는 것, 무너지는 것을 뜻하는데 다음 궁실의 주석에서 자세하게 설명한다.

11) 弓室(궁실): 글자 그대로는 '활이 들어 있는 방'으로, 몸이라

는 방(室)의 안에 활이 들어가 있다는 관점에서 사용된 『정사론』 특유의 사예 용어이다. 활을 품은 몸의 공간인 궁실을 구성하는 부분은 양손, 양팔, 어깨, 가슴, 배, 옆구리, 목, 머리 등이며, 이 모든 몸의 자세가 올바로 되어 전거와 후집을 하기에 적당한 거궁 상태를 훌륭한 궁실이라 한다. 그렇지 않은 거궁 자세는 궁실이 찌그러지거나 무너졌다고 한다. 이 궁실은 정원의 형상이고, 몸과 얼굴과 코와 눈이 과녁을 정면으로 대하는 방정한 모양이다. 만약 과녁을 옆으로 빗겨서 대하면 궁실의 앞쪽(줌손 쪽)이 깨져 정원을 이루지 못하게 된다. 이것이 패(敗)이다. 앞 팔을 미리 쭉 펼쳐 놓고 시위를 잡은 거궁은 활 자체가 몸 안으로 품어지지 않은 상태이므로 처음부터 궁실이 없는 것이다. 이렇게 되면 활 따로 몸 따로가 되니 이를 『정사론』에서는 孤(고)라고 하며, 궁실이 잘 이루어져 충실한 것을 篤(독)이라 한다.

3 궁실이 찌그러지면 몸자세가 바르지 못하게 되고, 몸자세가 바르지 못하면 얼굴이 바르지 못하게 되고, 얼굴이 바르지 못하면 코가 바르지 못하게 되고, 코가 바르지 못하면 눈이 바르지 못하게 되고, 눈이 바르지 못하면 보는 것이 바르지 못하게 되니, 어찌 정곡을 맞힐 수 있겠는가? 코가 바르면 과녁을 바르게 대할 수 있고, 몸이 바르면 코가 저절로 바르게 된다.

弓室敗則己不正(궁실패즉기부정)하고, 己不正則面不正(기부정즉면부정)하며, 面不正則鼻不正(면부정즉비부정)하고, 鼻不正則眼不正(비부정즉안부정)하며, 眼不正則示而不正(안부정즉시이부정)이니, 安能正鵠乎(안능정곡호)리오? 鼻正則正其鵠(비정즉정기곡)이며, 體正則鼻自正(체정즉비자정)이니라.

12) **正鵠(정곡):** 삼베(布)로 만든 과녁(侯)의 가운데에 그림을 그린 것(畫布: 화포)이 正(정)이고, 가죽을 붙인 것(棲皮: 서피)이 鵠(곡)이다. 이 正(정)과 鵠(곡)은 오늘날 우리 활터에서 홍심(과녁 가운데 붉은 원)에 해당한다.

※ 정사론 활쏘기의 올바른 몸자세

『정사론』활쏘기의 올바른 몸자세는 얼굴이 과녁을 정면으로 대하는 것이고, 코와 눈이 과녁을 정면으로 대하는 것이며, 코와 줌통과 과녁이 일직선상에 있게 하는 것이다. 양궁 자세처럼 과녁을 빗겨서 앞쪽 옆구리가 과녁을 향하는 자세가 아니다.

제20편
올바른 스승이 없는 궁사의 최후

 1 활쏘기를 시작하여 사법을 논하는 데 있어, 그 방법을 묻는 자에게 잘 가르쳐 주는 것은 스승의 훌륭한 능력에 달렸고, 이를 따라 배우고 익히되 성실하게 하여, 마침내 그 결실을 이루는 것은 제자의 지극한 정성에 달렸다.

 ◎ 스승이 훌륭해도 제자가 정성스럽지 못하면 그 제자는 훌륭한 궁사가 될 수 없지만, 올바르지 않은 스승이 신입 사원을 잘못 가르쳐 우리 활 사법이 아닌 사법을 가르치고, 예(禮)도 모르고 악(樂)도 모르게 가르친다면, 참으로 큰 문제가 아닐 수 없다.

第二十(제이십)
取射論射(취사논사)에 問道訓道(문도훈도)는 在至於至善之師爺(재지어지선지사야)요, 受學習學(수학습학)하되 致實成實(치실성실)은 在至於至誠之弟子(재지어지성지제자)니라.

 2 어리석음 가운데 (스승 없이) 자신만 믿고 활을 쏘는 것보다 더 어리석은 것이 없고, 병폐 가운데 일정하고 올바른 법도가 없이 활을 쏘는 것보다 더 큰 병폐가 없다. 오늘날 활

배우는 자들 가운데는, (스승이 없이) 기세도 좋게, 어깨에 활을 메고 허리에 화살을 찬 다음, 무리를 지어 씩씩하게 다니는 자들이 많다.

孤莫孤於自恃(고막고어자시)요, 病莫病于無常(병막병우무상)이니라. 今爲學射者(금지학사자)엔 煩熾而臂弓腰箭(번치이비궁요전)하여 赳赳爲群者(규규위군자)가 多有(다유)니라.

1) 孤(고): 대표 의미는 '외롭다'이지만 여기서는 '어리석음'이라는 뜻으로 사용되었다. 물론 활을 배우는 데서의 어리석음을 가리킨다. 이 孤(고)는 활과 몸체가 따로 놀아서 궁실(弓室)이 깨진 상태를 의미하는 『정사론』 특유의 사예 용어로도 사용된다.
2) 自恃(자시): 스승 없이 또는 스승이나 구사의 올바른 지도를 무시하고 자신만 믿고 활을 쏘는 것을 말한다. 과녁을 어느 정도 맞히기 시작하면 그때부터는 지금까지 가르쳐 준 스승의 말도 무시하고 제멋대로 하는 사람이 있다.
3) 無常(무상): 常(상)은 늘 그러함, 일정함이며, 無常(무상)은 일정함이 없는 것이다. 따라서 바른 스승에게 바른 방법을 확실하게 배워서 늘 일정하게 활을 쏘지 않고 자기 마음대로 이것저것 마구잡이 방식으로 연습하는 것을 말한다.
4) 煩熾(번치): 요란하고 기세(氣勢)가 당당한 모양.

5) 赳赳(규규): 씩씩한 모양. 영인본에는 趑趑(두두)로 되어 있으나 이런 연면어(連綿語)가 없으므로, 무사에게 어울리는 赳赳(규규)의 오서(誤書)로 보았다. 『시경』 「국풍 토저 편(兎罝篇)」에 "赳赳武夫(규규무부) 公侯干城(공후간성)"이라는 구절이 있다. 공께서 시경을 읽으셨으므로 이 단어를 사용하셨다.

3 처음 오호로 활쏘기를 시작하여 곧바로 과녁의 중심을 맞히고 싶다면, 반드시 온몸의 자세를 (바르게) 하고, 움직임과 멈춤을 (조화롭게) 펼치면서 활쏘기를 해야 한다.

初射烏號(초사오호)하여 卽思中鵠(즉사중곡)이면, 則必也(즉필야) 形乎四體(형호사체)하고 布乎動靜(포호동정)하며 施於射也(시어사야)니라.

6) 布乎動靜(포호동정): 움직임과 멈춤을 음악의 리듬처럼 절주가 있게 하라는 말씀이다. 활 쏘는 자세와 동작이 경망스럽거나 단조롭거나 야만스러워서는 안 된다. 진중하고 위엄이 있거나, 우아하고 아름답거나, 시원스럽고 활달하거나 각자에 따라 자신의 절주를 표현해야 멋있는 활쏘기가 된다.

4 (활을 당길 때) 활이 뺨을 나무라듯, 시위가 귀를 푸대접하듯 하는 궁사는 (활이) 뺨을 사랑하듯, (시위가) 귀를 생각

해 주듯 해야 한다. 활이 뺨을 싫어하듯, 시위가 귀를 피하듯 깍지손을 귀와 뺨에서 멀어지게 하면 몸이 활과 따로 놀며 활쏘기의 병폐가 생긴다. 이리하여 나날이 그 병폐가 심해져서 굳어진다. 이렇게 되는 것은 자신이 혼자 멋대로 쏘았기 때문이지 스승에게 배워서 그렇게 되는 것이 아니다.

弓反責腮(궁반책시)하여 弦去靸耳(현거괄이)면, 則其人謀射者(즉기인모사자)는 戀腮念耳(연시염이)니라. 忌之腮(기지시)하고 避之耳(피지이)하면, 則身孤射患(즉신고사환)하여 日以熟病(일이숙병)이리니, 非他於是(비타어시)라 自爲之射(자위지사)요, 不爲之師(불위지사)니라.

7) **弓反責腮(궁반책시)**: 활이 뺨을 도리어 나무란다는 뜻으로, 구체적인 내용은 다음 구절인 "弦去靸耳(현거괄이)"로 설명한다.

8) **弦去靸耳(현거괄이)**: 높은 거궁 상태에서 깍지손과 시위가 귀와 뺨을 스치듯이(어루만지듯이) 당겨 내려와야 한다는 뜻이며, 깍지손과 시위가 귀에서 먼 옆으로(밖으로) 돌거나, 귀의 아래 또는 턱 밑에서부터 올라오게 하는 등 이런 방법으로 활이 당겨지게 해서는 안 된다는 뜻이다. 이렇게 하면 전거(前擧)의 경(經: 날줄)을 잃어버리게 된다.

9) **其人謀射者(기인모사자)**: '그 사람이 도모해야 할 사법이란 것은'이라는 뜻이다. 여기서 그 사람은 앞 구절에서 말한 "弓

反責腮(궁반책시)하여 弦去恝耳(현거괄이)"하는 사람이다.

10) 戀腮念耳(연시염이): 활과 활의 시위가 뺨을 사랑하고 귀를 생각해 주듯이 깍지손과 시위가 귀와 뺨을 사랑하듯 어루만지듯 당겨지게 하라는 말씀이다. 이렇게 해야 전거의 날줄을 살리게 되고, 몸과 활이 안정적으로 일체가 된다. 몸과 활이 안정적으로 일체가 되는 것을 『정사론』에서는 篤(독)이라 한다.

11) 身孤射患(신고사환): 활(시위)은 몸에 안정적으로 붙어야 한다. 그렇지 않으면 몸이 활과 어울리지 못하고 따로 놀게 되어 활쏘기에 병폐가 생기게 된다. 孤(고)는 몸이 활과 떨어져서 외따로 노는 것을 뜻한다. 孤(고)는 『정사론』에서 篤(독)과 대립되는 단어이다.

12) 非他於是(비타어시): '이에 이르는 것은 다름이 아니라'라는 뜻이다.

5 그러므로 (활쏘기의) 이로운 격식을 알고자 하지도 않고, (활쏘기에) 해가 되는 빌미(원인)도 알지 못하면, 먼저는 활쏘기의 올바른 법칙을 잃어버리게 되고, 나중에는 (그로 말미암아) 무너져 버린 (자신의) 사법을 부끄러워하게 된다. 어떤 사람은 오늘 잘 쏘는 것을 생각하면서 내일도 그렇게 잘 쏘리라 요행을 바라기도 하고, 오늘 쏘는 것이 어제 쏘는 법과 같다고 하면서 (계속) 오늘처럼 하려고만 한다. 이렇게 한다면, 평생토록 바라는 것이 있다 할지라도 그를 위한 모든 노

력이 물거품이 될 것이다. 결국 바라던 바를 포기하면서 스스로 (활쏘기를) 그만두게 된다.

◎ 사예인은 언제나 자신의 몸자세와 마음자세를 살피고 잘못된 점을 고치려는 노력을 멈추지 않아야 한다. 오로지 화살을 쏘아 과녁만 맞히려고 할 뿐 정기정심의 성찰이 없을 경우, 그 결과는 위에서 말씀하신 바와 같이 될 것이다.

故(고)로 不敢知之利格(불감지지이격)하고 不能知其害祟(불능지기해수)하면, 則先遺其規(즉선유기규)요 後懵其仄(후몽기측)이니라. 或思今日之善(혹사금일지선)으로 倖望翌日之射(행망익일지사)하고, 而今射(이금사)를 如昨之射(여작지사)라 하여 如今(여금)하면, 雖有平生之願(수유평생지원)이라도 勞而無功(노이무공)하여, 舍願自止(사원자지)니라.

13) 利格(이격): 이로운 격식, 활쏘기의 유리한 자세나 동작을 가리킨다. 뒤에 나오는 害祟(해수: 해로운 빌미)와 대(對)를 이루는 단어이다.
14) 害祟(해수): 해로움의 빌미, 해로움이 있게 되는 원인이다. 祟(수)는 빌미(탈 따위가 생기는 원인)로, 이 글자를 崇(숭: 숭상하다)으로 오독하기 쉽다.
15) 先遺其規(선유기규): 먼저 활쏘기의 올바른 규칙을 잃어버

리게 된다는 뜻이다. 이렇게 되면 결국 다음 구절에 나오는 것처럼 사법이 무너지게 되어, 그를 부끄러워하는 일이 있게 될 것이다. 여기서 遺의 훈음은 '잃을 유'이다.

16) **後慸其仄(후몽기측)**: 다음으로는 (사법이) 무너짐(기울어짐)을 부끄러워하게 된다는 뜻이다. 慸의 훈음은 '부끄러워할 몽', 仄의 훈음은 '기울어질 측'으로 사법이 무너짐, 사법의 퇴보를 의미한다. 仄(측)을 反(반: 돌이킬 반)으로 오독하기 쉽다. 영인본에는 慸 자에서 그물 망(罒)과 눈 목(目) 사이에 덮을 멱(冖)이 누락되어 있다. 물론 오서(誤書)이다.

17) **勞而無功(노이무공)**: 힘써도 공이 없다는 뜻이다. 『동경대전』「포덕문(布德文)」에도 나오는 구절이다. 한마디로 헛수고만 한다는 뜻이다.

18) **舍願自止(사원자지)**: 바라던 바를 포기하고 스스로 활쏘기를 그만두게 된다는 뜻이다. 舍(사)는 포기하다, 願(원)은 바라던 바(희망)를 의미한다.

제21편
체형에 따라 올바른 자세로

1 목이 길고 어깨가 낮은 사람은 활쏘기가 순조롭고, 목이 짧고 어깨가 솟은 사람은 활쏘기에 어려움이 있다. 목이 긴 사람은 양팔을 모두 높이 들고, 목이 짧은 사람은 뒤 팔은 높이 들더라도 앞 팔은 높이 들지 않아야 한다. 그렇게 하면 활쏘기가 올바르게 될 것이다.

◎ 두 종류의 체형을 들어서 각기 다른 점을 설명한다. 활쏘기에서 각개 궁사의 체형을 무시하고 천편일률적으로 자세와 사법을 강요해서는 안 된다. 다음에 나올 문단에도 스승은 무조건 원칙대로만 하지 말고 제자의 근골을 살펴 융통성 있게 지도하라는 내용이 나온다.

第二十一(제이십일)
項長肩卑者(항장견비자)는 射之順也(사지순야)요, 項短肩高者(항단견고자)는 射之難也(사지난야)니라. 長者(장자)는 施之擧高兩臂(시지거고양비)하고, 短者(단자)는 施之擧高後臂(시지거고후비)하되 而不高前臂(이불고전비)면 則射之是也(즉사지시야)니라.

2 목이 길고 (어깨가 낮은) 사람이 양팔을 높이 들지 않으면 견갑골과 오두가 밖으로 숨어서 견갑골이 똑바로 세워지지 않고 오두는 감추어지지 않게 된다. (그런데) 오두를 감추는 것이 자연스럽게 되지 않는다고 해서 앞 팔을 더욱 높이 들면 팔이 곧은 나무의 형상과 같이 된다. 이렇게 앞 팔이 곧은 나무 같은 형상이 되면, (뒤 팔을 내리 누르며 붙잡아 당기는) 후집도 기대하기 어렵게 된다.

◎ 앞 팔을 너무 높이 들면 앞 팔이 쭉 펴지게 된다. 이 상태에서 뒤 팔을 당겨 내린다면, 줌손은 깍지손이 당기는 힘을 수동적으로만 받아들이게 되어, 능동적으로 밀어 나가며 깍지손과 상응하는 전거가 불가능하게 된다. 즉 전거의 표현인 날줄을 그릴 수 없게 된다. 후집은 전거의 힘에 응하여 전거와 동시에 이루어지는 것이므로, 전거가 안 되면 후집도 당연히 될 수가 없다.

長者(장자)가 若非高兩臂(약비고양비)하면 則肩胛與烏頭者(즉견갑여오두자)가 隱外(은외)하여 不立而闇削也(불립이암삭야)니라. 倖不能匿(행불능닉)하여 而有益臂(이유익비)하면 如直木之形(여직목지형)이니, 若如直木(약여직목)이면, 則難可後期(즉난가후기)니라.

1) 烏頭(오두): 오두는 견갑골의 오훼돌기(오구돌기, 부리돌기)이다. 팔을 내렸을 때 어깨의 가장 높은 곳에서 만져지는 어

깨뼈인데, 팔을 들면 안쪽으로 감추어진다. 쉽게 설명하자면, 팔을 높이 들었을 때 어깨에서 옴폭 들어가는 부분이라고 보면 된다.

2) **隱外(은외)**: '밖으로 숨어 있다'는 뜻이다. 어깨를 자연스럽게 낮춘 상태에서 팔을 높이 들면 오두가 안으로 옴폭 들어간다. 그러나 팔을 들지 않으면 오두가 밖으로 나와 있어 옴폭한 모양이 되지 않는다. 이를 오두가 밖으로 숨어 있다고 표현한 것이다.

3) **不立(불립)**: 견갑골이 똑바로 세워지지 않은 것이다. 오두가 옴폭 들어간 상태가 되어야 위팔뼈와 견갑골이 똑바로 세워진 것이다. 이리하여 견갑골과 위팔뼈가 전력을 다 쓸 수 있게 된다.

4) **闇削(암삭)**: 闇削(암삭)은 오두 부분이 옴폭하게 내려앉은 모습이다. 闇(암)은 '숨을 암'으로 어깨를 낮춘 상태에서 팔을 들었을 때 오두가 옴폭하게 들어가 내려앉은 모양을 표현한 것이고, 削(삭)은 '깎일 삭'으로 역시 이때의 모습이 팔을 내리고 있을 때와 비교하여 오두 부분의 모양이 깎인 것 같다고 하여 표현한 말이다. 闇削은 앞의 不을 부정조동사로 삼고 그 앞의 烏頭를 주어로 삼는다.

5) **直木之形(직목지형)**: 앞 팔이 正圓之規(정원지규)가 되지 않은 모양, 즉 완전히 동그란 동그라미 모양이 아니라 직선으로 펴진 모양을 말한다. 이렇게 되면 앞 팔로 높고 높게 멀고 멀게 원을 그리면서 밀어 나가는 전거(前擧)가 불가능해

지는 것은 물론이고 이에 따라 뒤 팔을 충실하게 붙잡아 당기는 후집(後執)도 불가능해진다.
6) **難可後期(난가후기)**: 여기서 後(후)는 깍지손을 충실하게 붙잡는 後執(후집)을 줄인 말이다. 따라서 후집을 기약하기도 어렵다는 뜻이다.

※ 후집(後執)과 만궁(彎弓)의 차이

개궁에 있어 『정사론』의 깍지손 동작인 후집은 깍지손을 길게 쭈욱 당기는 만궁(彎弓)과는 다른 개념이다. 만궁은 깍지손을 당기는 동작에 초점이 있고, 후집은 깍지손을 당기는 데 초점이 있는 것이 아니라, 깍지손을 충실하게 붙잡는 데 초점이 있다. 만궁은 깍지손을 처음부터 능동적으로 잡아당기는 것이지만, 후집은 전거에 의해 깍지손이 딸려 나가지 않게 충실하게 붙잡는 것을 주로 하면서 깍지손이 뒤로 이동하는 것을 말한다. 즉 『정사론』에서 활이 열리는 것은 깍지손을 당겨서가 아니라 전거와 후집의 동시 작용에 의해 이루어진다.

만궁은 『정사론』에서 말하는 전거가 없이도 가능하지만(줌손을 거의 쭉 펴 놓고 시위만 쭈욱 당길 수가 있다.) 『정사론』의 후집은 그렇게 할 수가 없다. 이미 뒤 팔이 처음부터 곱자처럼 굽어져 있고 앞 팔도 다 펴지 않고 원의 모양으로 굽어져 있는 상태이기 때문이다. 그러므로 후집은 만궁과는 달리 전거가 없이 독립적으로는 결코 일어날 수가 없다. 이것이 『정사론』의 후집과 다른 사법의 만궁이 근본적으로 다른 점이고 『정사론』 개궁법의 특징이다.

3 만약 목이 짧고 어깨가 높은 사람이 오로지 양팔을 함께 같이 높이고자 하면 높이려 해도 높아지지 않으며, 또한 앞 팔을 들어 원의 모양이 되게 하는 규(規)도 쉽게 할 수 없게 된다.

◎ 두 가지 체형 중 목이 짧고 어깨가 높은 사람에 대한 설명이다. 이 편의 첫 문단에서도 언급했듯이, 목이 짧고 어깨가 높은 사람은 뒤 어깨는 자연스럽게 그냥 두더라도, 앞 어깨는 확실하게 낮추어야 한다. 그렇지 않으면 앞을 들어 올리며 미는 동작인 전거를 할 수가 없기 때문이다.

若項短肩高者(약항단견고자)가 專擧一高兩臂(전거일고양비)하면 欲崇而不高(욕숭이불고)하며 欲規而不順(욕규이불순)이니라.

7) **一高兩臂(일고양비)**: 양팔을 함께 같이 높이는 것이다. 一의 훈음은 '같을 일'이다.
8) **規而不順(규이불순)**: '規(규)를 하고자 해도 잘 안 됨'이라는 뜻인데 前擧正圓(전거정원)의 規(규)를 가리킨다.

4 또 만약 목이 길고 어깨가 낮은 사람이 앞 팔을 들어 바른 원의 모양이 되게 하는 규(規)를 함에 있어서, 줌팔이 높아야 되는 줄만 알고 자신의 가슴이 앞으로 볼록 나가는 잘

못을 알지 못한다면, 참으로 고치기 어려운 가슴통 병이 생기게 된다. 이 가슴통 병이 굳어져 고질이 되면 무슨 말을 해도 고칠 수가 없게 된다.

若如項長肩卑者(약여항장견비자)가 知其規高(지기규고)하고 不知其出胸(부지기출흉)이면, 則難莫難於胸病(즉난막난어흉병)이니, 胸病爲痼(흉병위고)하면 則必無可論也(즉필무가론야)니라.

9) 知其規高(지기규고): 여기서의 規(규)도 前擧正圓(전거정원)의 規(규)를 말한다. 전거정원의 규에서 줌팔이 높아야 되는 줄만 안다는 뜻이다.
10) 出胸(출흉): 가슴이 앞으로 볼록하게 나가는 것이다. 특히 줌팔의 죽머리를(어깨의 앞쪽을) 몸통 쪽으로 잔뜩 쑤셔 넣으면 안 된다.
11) 無可論也(무가론야): 논할 수 있는 것이 없게 된다는 것으로, 무슨 말을 해도 고칠 수가 없게 된다는 뜻이다. 앞 팔의 어깨 부분을 안으로 욱여넣고 활 쏘는 것에 익숙해지면 다시는 고치기 어렵게 된다.

5 스승이 된 자는 활 배우는 사람의 체형을 동작하는 상황에 따라 살펴서 그 사람의 뼈마디가 험하거나 어긋나거나 구부러진 곳이 있으면, 앞 팔을 들어 원의 모양이 되게 하는 규

(規)와 뒤 팔을 들어 직각 모양이 되게 하여 붙잡는 구(矩)를 모두 다 시키지 말고, 활 쏘는 것을 보아 가면서 (그 사람에게 맞는 자세로) 변통하여 가르쳐야 한다.

凡師者(범사자)는 觀其射人者之形於動靜(관기사인자지형어동정)하여 若有骨節險逆逶迆者(약유골절험역위이자)면, 勿爲皆可規矩(물위개가규구)하고 而隨射應變也(이수사응변야)니라.

12) 險逆逶迆(험역위이): 험하고 어그러지고 구부러진 것으로, 후천적으로 다쳐서 그럴 수도 있고 선천적으로 그럴 수도 있다.
13) 隨射應變(수사응변): 활 쏠 때의 그 사람 근골을 잘 살펴서 그 근골에 맞는 방법으로 규(規)와 구(矩)가 이루어지도록 변통하여 지도하라는 말씀이다.

6 상편에서 "뒤를 충실하게 붙잡음으로써 앞을 굳건하게 밀고, 앞을 굳건하게 밂으로써 뒤를 충실하게 붙잡는 것"과 "앞은 날줄이 되고 뒤는 씨줄이 됨"을 말했다. 어찌하여 앞을 날줄이라 하고 뒤를 씨줄이라 하는가? 날줄과 씨줄이란 베틀(직물을) 짜는 데 있어 세로로 짜는 줄을 날줄이라 하고, 가로로 짜는 줄을 씨줄이라 한다. 날줄이 바르지 못하면 씨줄도 바르지 못하게 되고, 씨줄이 바르지 못하면 날줄도 바르지 못하게 된다.

◎ 이 문단은 거궁 자세가 아니라 활을 여는 동작(개궁, 작포)을 설명하고 있다. 즉 제1편에 나오는 개궁법인 전거와 후집을 논하는 것이다.

上篇(상편)에 "以執爲擧(이집위거)하고, 以擧爲執(이거위집)"이라 하고, 言(언) "前經後緯者(전경후위자)"니라. 何以(하이)로 前者(전자)를 謂之經(위지경)이며, 何以(하이)로 後者(후자)를 謂之緯乎(위지위호)아? 第(제)經緯者(경위자)는 織縱曰經(직종왈경)이요 織橫曰緯(직횡왈위)니, 經不正(경부정)이면 則緯不正(즉위부정)하고, 緯不正(위부정)이면 則經亦不正(즉경역부정)이니라.

7 어떻게 앞 팔을 미는 것이 올바른 것이며, 어떻게 뒤 팔을 당기는 것이 올바른 것인가? (올바르게) 밀고 당기는 것은 곧 앞을 굳건하게 하는 것과 뒤를 충실하게 하는 것을 말한다. 앞을 들어 올리며 미는 것이 굳건하지 못하면, 뒤를 내리 누르며 붙잡아 당기는 것이 충실하지 못하게 되고, 뒤를 내리 누르며 붙잡아 당기는 것이 충실하지 못하면, 앞을 들어 올리며 미는 것이 굳건해지지 않는다.

◎ 앞 문단에 이어 개궁하는 동작에 대한 설명이다. 전거의 굳건함과 후집의 충실함이 독립적으로 별개가 아니라 서로 상응하여 동시에 이루어지는 것이라는 말씀이다. 『정사론』의 개궁법은

언제나 앞뒤가 동시에 상응하는 것이다.

第(제)何以擧者爲之擧(하이거자위지거)요, 何以執者爲之執哉(하이집자위지집재)아? 第(제)擧執者(거집자)는 前堅曰擧(전견왈거)요 後實曰執(후실왈집)이니, 擧而不堅(거이불견)이면 執而不實(집이불실)하고, 執而不實(집이불실)이면 擧亦不堅(거역불견)이니라.

8 그러므로 (거궁 자세인) 규(規)와 구(矩)가 달라지면, 정곡 맞히는 것과 점점 멀어지고, (개궁 동작인) 전거(前擧)의 모양 경(經: 날줄)과, 후집(後執)의 모양 위(緯: 씨줄)가 달라지면, 한결같은 작포(作布: 활을 여는 것)에 실패하게 된다. 활쏘기란 (바로 위에서 말한) 규(規)와 구(矩)를 잃지 않는 것으로, (거궁 자세에서) 앞 팔을 원의 모양이 되게 하는 것(規: 규)과 뒤 팔을 직각 모양이 되게 하는 데(矩: 구)에 지극한 정성을 다해야 한다.

故(고)로 規矩之差(규구지차)면 正鵠之疏(정곡지소)하고, 經緯之差(경위지차)면 作布之敗(작포지패)니라. 射者(사자)란 不失規矩(불실규구)로 極爲方圓(극위방원)이니라.

14) 規矩之差(규구지차): 거궁 자세의 모양이 언제나 일정하지 않거나 변형되어 가는 것을 差(차)라고 한다.

15) **經緯之差(경위지차)**: 개궁 동작의 모양이 언제나 일정하지 않거나 변해 가는 것을 말한다. 개궁 동작에서 앞 팔은 직물을(베를) 짤 때 날줄(經: 경)과 같고, 뒤 팔은 씨줄(緯: 위)과 같다.

16) **正鵠之疏(정곡지소)**: 정곡을 맞히는 것이 멀어진다는 뜻이다. 정곡은 화포(삼베로 만든 과녁)의 가운데에 그려진 사각형의 모양을 말한다. (사각형이 아니라 짐승을 그리기도 했다.) 오늘날 과녁으로 보면 홍심에 해당한다. 이 삼베(布) 과녁(侯)의 가운데에 그림을 그린 것(畫布: 화포)이 正(정)이고, 가죽을 붙인 것(棲皮: 서피)이 鵠(곡)이다.

17) **作布之敗(작포지패)**: 作布(작포)는 거궁 자세에서 활을 열기 시작하여 여는 것이 완료된 상태까지의 동작을 말한다. 개궁 동작의 모양이 마치 베(직물)를 짜는 것과 같다고 하여(前經後緯: 전경후위), 개궁 동작을 작포(作布: 베를 짬)라고 이름 붙인 것이다. 이 작포가 변형이 생겨서 늘 일정하게 하지 못함을 敗(패)라 한다. 『정사론』에는 2敗(2패)가 있다. 궁실(弓室)의 패(敗)와 작포(作布)의 패(敗)이다. 궁실의 패는 거궁 자세가 깨진 것이고, 작포의 패는 개궁 동작이 깨진 것이다.

18) **不失規矩(불실규구) 極爲方圓(극위방원)**: 앞에서 설명한 바와 같이 규(規)와 구(矩)를 잃지 말아서 늘 한결같은 거궁 자세를 취해야 한다는 뜻이다. 공께서는 규구의 거궁 자세를 가장 중요하게 보셨고 수없이 강조하신다.

9 바람이 불고 비가 내려도 습사는 해야 한다. (활을 열 때) 줌손은 미리 밀려고 하지 말고, (깍지손과 상응하여) 저절로 밀어지게 하고, 깍지손은 먼저 붙잡아 당기려고 하지 말고, (줌손을 밀기 시작할 때까지) 우선 붙잡고 있어야 한다. 이상이 규구(規矩)와 방원(方圓)으로 설명한 활쏘기 요령의 줄거리이다.

風雨(풍우)에도 勿論射(물론사)니라. 前不期擧而自擧(전불기거이자거)요, 後不求執而先執也(후불구집이선집야)니라. 右(우)가 規矩方圓(규구방원)으로 言(언)한 射之大體也(사지대체야)니라.

19) **前不期擧而自擧(전불기거이자거)**: 여기서 期(기)는 求(구)와 같은 뜻이다. 뒤 구절에 쓰인 求(구) 자의 대자(對字)로 중복을 피하기 위해 사용되었다. 앞 손을 독립적으로 밀려고 하지 말고 뒤 손과 상응하여 저절로 밀어지게 하여야 한다는 뜻이다. 활터에서 흔히 말하는 '밀당동시'이다.
20) **後不求執而先執也(후불구집이선집야)**: 깍지손은 활을 열 때(작포할 때) 충실하게 붙잡는 것이 핵심인데 전거(줌손이 앞으로 밀어나감)에 의하여 저절로 당김의 현상이 발생하게 된다. 이 당김의 현상은 줌손에 상응하여서 오는 것이지 깍지손이 독립적으로 행하는 것이 아니다. 따라서 이 구절은 깍지손을 붙잡아 먼저 당기려 하지 말고(不求執) 우

선은 잡고만(先執) 있으라는 뜻이다. 그리고 전거에 응하여 충실하게 붙잡아 당기라는 말씀이다.

10 깍지를 떼면서 활을 쏘는 묘한 이치는 손끝에 있다. 줌손의 끝 안쪽에 세 손가락(하삼지)의 아귀가 있는데, 이곳에 활을 쏘는 묘한 이치가 감추어져 있다. 활을 쏘아 일가를 이루는 것은 (거궁 자세인) 앞 팔을 들어 원의 모양이 되게 하는 규(規)와 뒤 팔을 들어 직각 모양이 되게 하여 붙잡는 구(矩)에 달려 있고, 활쏘기가 뜻대로 되는 것은 줌손 세 손가락의 아귀에 달려 있으며, 깍지가 정밀하게 떨어지는 것은 깍지 잡은 뒷손가락 2개의 손끝에 달려 있다. 〈손가락을 새끼손가락부터 거꾸로 세어서 세 번째까지를 삼지라 하고, 엄지부터 세어서 엄지와 검지 사이의 넓은 곳을 아귀라 한다.〉

決射妙理(결사묘리)는 在於手端也(재어수단야)니라. 手端之餘(수단지여)에 有三指之同牙龜(유삼지지동아귀)하니, 此(차)에 射中藏妙之理也(사중장묘지리야)니라. 射之成家(사지성가)는 在於規矩之方圓(재어규구지방원)하고, 射之謀得(사지모득)은 在於三指之牙龜(재어삼지지아귀)하고, 決之成工(결지성공)은 在於後執二指之手端也(재어후집이지지수단야)니라. 〈逆數而止三(역수이지삼)을 曰爲之三指(왈위지삼지)요, 順數而上二指之間(순수이상이지지간)의 廣處(광처)를 曰爲之牙龜也(왈위지아귀야)니라.〉

21) 射之謀得(사지모득): 활이 생각한 대로 쏘아지는 것이다. 화살이 과녁의 좌우에 번갈아 떨어지면서 적중하지 않는 것은 대부분 줌손 아귀의 묘리를 알아서 실행하지 못하기 때문이다.
22) 決之成工(결지성공): 깍지가 매번 정밀하게 떨어지는 것을 말한다. 여기서 決(결)은 깍지, 工(공)은 '정밀하다, 정교하다'라는 의미이다.

11 줌손 하삼지 아귀에 묘한 이치가 있다 해도, 줌손의 힘에 충분히 대응할 정도로 깍지손이 충실하게 붙잡아 당겨 주지 못하면 줌손의 아귀도 덩달아 졸렬한 기세가 되고 만다. (그러나) 만약 줌손을 들어 미는 힘과 비교하여 깍지손을 붙잡아 당기는 기세가 충분하게 있으면 그 기세에 의거하여 줌손으로는 줌통을 부러뜨리고 깍지손으로는 시위를 끊어 버리듯, 다만 그렇게 (기운을) 쓰기만 하면 된다. 이렇게 하면 줌손 하삼지 아귀의 묘한 이치가 자연스럽게 펼쳐져서 줌손 하삼지의 아귀가 살아나고 깍지손 두 손가락 끝도 살아나서 깍지를 떼는 법식이 저절로 이루어진다. 이와 같은 것을 전거(前擧)라 하고, 후집(後執)이라고 한다. 〈牙口(아구)라고 쓰는 것이 당연하지만 이미 龜(귀) 자를 쓴 것은 龜(귀: 거북)는 본래 1,000년을 사는 신묘한 동물이고, 활 쏘는 재주가 있든 없든 기이한 재주가 牙龜(아귀)에서 나오므로 龜(귀) 자를 썼다.〉

◎ 발시 순간의 용력법을 자세하게 설명한 매우 중요한 문단이다.

指龜(지귀)에 雖有妙理(수유묘리)라도 若後不能致其較執(약후불능치기교집)이면, 指龜(지귀)도 亦爲反拙之勢(역위반졸지세)니라. 若後有比擧較執之勢(약후유비거교집지세)면, 因其勢(인기세)로 但似折弝絕弦(단사절파절현)하면, 則自然之間(즉자연지간)에 能肆其妙(능사기묘)하여, 前三指之龜生(전삼지지귀생)하고 後二指之端生(후이지지단생)하여 自成分決之類(자성분결지류)니, 如此者(여차자)를 謂之前擧(위지전거)요, 謂之後執也(위지후집야)니라. 〈牙口(아구)가 當然(당연)이나 旣字龜(기자귀)는 龜本曰千載神龜(귀본왈천재신귀)요, 射才與不才(사재여부재)가 奇出於牙龜(기출어아귀)라 故書之龜(고서지귀)니라.〉

23) 指龜(지귀): 손가락 아귀인데, 여기서는 줌손 하삼지 아귀를 가리킨다.
24) 較執(교집): (전거와) 견줄 수 있는 후집, 즉 줌손의 힘에 대응할 수 있는 깍지손의 충실한 붙잡아 당김을 가리킨다.
25) 反拙之勢(반졸지세): 도리어 졸렬한 기세가 된다는 것으로, 만약 깍지손을 충실하게 붙잡아 당기지 못하고 줌손만 밀면서 힘을 쓰면, 줌손이 견고해지기는커녕 도리어 졸렬해진다는 뜻이다.
26) 折弝絕弦(절파절현): 개궁 시작부터 만작에 이르기까지 면

면히 이어 온 전거후집의 기세를 타고, 발시 순간에 줌손은 줌통을 부러뜨릴 듯이, 깍지손은 시위를 끊어 버릴 듯이 힘을 쓰는 것이다.
27) 分決之類(분결지류): 깍지를 떼는 유형, 곧 깍지를 떼는 법식을 말한다.

※ 할주의 牙龜(아귀)에 대한 설명
할주에서 '아귀'라는 단어에서 거북 귀(龜) 자를 쓴 이유를 설명하고 있는데, 정색하고 읽을 바는 아니다. 일종의 자희(字戲: 글자를 가지고 농담하는 것)로 보면 될 것이다. 늙으신 장군의 이런 농담에 한번 껄껄 웃으면 좋겠다.

제22편
활쏘기의 중심과 일선

1 얼굴과 몸통은 활쏘기의 중심이 되고, 팔뚝과 관절은 활쏘기의 일선이 된다. 일선인 팔과 관절이 먼저 중심인 얼굴과 몸통을 따르면 그 사법은 규칙에 맞는 것이고, (이와 반대로) 중심인 얼굴과 몸통이 먼저 일선인 팔과 관절을 따르면 그런 사법은 규칙에 맞지 않는 것이다. 얼굴과 몸통을 바르게 하면, 팔뚝과 관절도 바르게 되어, (올바른 사법에) 저절로 가깝게 될 것이요, 얼굴과 몸통을 바르게 하지 않으면 팔뚝과 관절도 바르지 않게 되어, (올바른 사법에서) 멀어질 것이다.

第二十二(제이십이)
面與體(면여체)는 射之我也(사지아야)요, 臂與節(비여절)은 射之彼也(사지피야)니라. 彼(피)가 先從於我(선종어아)면 則射之規(즉사지규)요, 我(아)가 先從於彼(선종어피)면 則射之不規(즉사지불규)니라. 我正(아정)이면 則彼正而自近(즉피정이자근)이요, 我不正(아부정)이면 則彼不正而亦遠也(즉피부정이역원야)니라.

1) 射之我(사지아): 직역하면 '활쏘기의 나'가 된다. 얼굴과 몸통이 과녁을 정면으로 대하여 중심을 잡는 것이 우리 활 쏘

기에서 가장 기본이라는 뜻이다. 따라서 그 의미를 살려 '활 쏘기의 중심'이라고 번역한다.

2) **臂與節(비여절)**: 臂(비)는 팔, 節(절)은 三節(삼절)로 어깨 관절, 팔꿈치 관절, 손목 관절을 가리킨다.

3) **射之彼(사지피)**: 직역하면 '활쏘기의 남'이 된다. 팔과 관절은 활쏘기에서 중심이 되는 것이 아니라, 전쟁에서 적과 맞서는 맨 앞의 전선(戰線), 즉 일선(一線)과 같다. 따라서 일선(一線)이라고 번역한다.

2 일선인 팔뚝과 관절이 먼저 중심인 얼굴과 몸통을 따르면, 중심인 얼굴과 몸통도 이를 응대하여 따라 줌으로써 서로가 잘 합치된 활쏘기가 이루어진다. 그러나 중심과 일선에 빈틈이 생겨서 양쪽이 바르게 합치되지 않으면 그 활쏘기는 올바른 길을 잃게 된다. 이렇게 일선인 팔과 관절, 중심인 얼굴과 몸통을 함께 올바르게 한다면 활 쏘는 자세와 동작에 빈틈이 없게 된다. 활 쏘는 자세와 동작에 빈틈이 없게 되면 한결같이 중심과 일선이 합치하여 (올바른 사법이) 이루어지니, 궁사는 이를 잘 살펴야 한다.

彼若先從於我(피약선종어아)면, 我亦應對倚從(아역응대의종)하여 而相合也(이상합야)나, 其於有間(기어유간)하여 而兩若不正(이양약부정)이면, 則敗道也(즉패도야)니라. 彼我若與正(피아약여정)이면 則射體無隙(즉사체무극)하고,

射體無隙(사체무극)이면 則爲一合而成矣(즉위일합이성의)니, 射者(사자)는 察之耳(찰지이)니라.

4) 察之耳(찰지이): '이를 살펴야 할 따름이다'라고 직역되는데, 중요함을 강조하는 의미를 갖고 있으므로 '이를 잘 살펴야 한다'라고 번역한다.

※ 정사법(正射法)

이 편에서는 『정사론』이 측사법(側射法)이 아닌 정사법(正射法)임을 아주 구체적으로 자세하게 밝혔다. 이 책의 제목 '정사론'은 '올바른 활쏘기를 논함'이라는 뜻과 함께 '정사법으로 활 쏘는 것을 논함'이라는 뜻도 아울러 가진다. 얼굴과 몸통을 '나'로, 팔과 관절을 '남'으로 비유한 것이 매우 흥미롭다. 팔과 관절을 위해 몸과 얼굴이 바른 자세를 잃어서는 결코 안 된다.

결론

1 위에 기술한 22개의 편(篇)들은 (활쏘기의) 근본 원칙을 논한 것이다. (이를 요약하면), 첫째, 마음을 바르게 하는 공부가 하나의 도리이고, 둘째, (활을 열 때) (앞 팔을 들어 올리며 미는) 전거(前擧)와 (뒤 팔을 내리 누르며 붙잡아 당기는) 후집(後執)이 하나의 도리이다. 셋째, 관중하지 못하는 것을 걱정하지 않고 자세가 바르지 못함을 걱정하는 것이 하나의 도리이며, 넷째, 낮에 (연습하는 것으로) 활에 화살을 먹여 만작하고 (자세를) 헤아리되, 네 번까지는 발시하지 않고 다섯 번째에 한 번씩 발시하는 것이 하나의 도리이다. 다섯째, 비 오는 날 밤에 (연습하는 것으로), 화살을 먹여 (실제로) 활을 쏘는 것과 같이 하되, 모두 다 깍지를 떼지 않고 연습하는 것이 하나의 도리이며, 여섯째, 엄지손가락에 깍지를 걸어 당기는 뒤 팔의 팔꿈치를 귀보다 높은 곳에 놓고, 귀의 위로 높이 끌어당기는 것이 하나의 도리이다.

◎ 지금까지 22편에 걸쳐 설명하신 내용에 대하여 요점을 정리하신다. 중요한 사항이므로 이렇게 최종 정리하시는 것이겠다.

第(제)右二十二篇(우이십이편)은 論本原者(논본원자)니, 第(제)正心工夫者(정심공부자)가 爲一道(위일도)요, 第(제)前擧後執者(전거후집자)가 爲一道(위일도)요, 第(제)不患不中而患不正者(불환부중이환부정자)가 爲一道(위일도)요, 第(제)晝則持弓關矢(주즉지궁관시)하여 彎作而惟(만작이유)하되, 不許先四(불허선사)하고 第至五(제지오)하여 一決者(일결자)가 爲一道(위일도)요, 第(제)欲射夜雨(욕사야우)에 具矢仍關(구시잉관)하여 似射(사사)하되 而盡是未決慴者(이진시미결습자)가 爲一道(위일도)요, 第(제)決拇拘引後執肱者(결무구인후집굉자)를 憑高耳上者(빙고이상자)가 爲一道(위일도)요,

1) 關矢(관시): 화살을 먹이다. 關의 훈음은 '화살 먹일 관'이다.

2 일곱째, 후집(後執)하는 깍지손의 두 손가락이 다만 방정한 팔을 따라오게만 하되, 그 기운이 이어지게 함을 항상 생각함이 하나의 도리이며, 〈기운이 들어와야 화살이 안으로 들어온다. 입으로 쉬는 공기가 아니라 손가락의 기운을 말한다.〉 여덟째, 거궁한 앞 팔 모양을 반드시 올바른 원이 되도록 하고, 오두 (낮추는 것을) 섬세하게 살피며, 팔뚝과 관절이 먼저 얼굴과 몸통을 따르게 하는 것도 하나의 도리이다. 아홉째, 활을 들어 거궁 자세를 만들 때 좌우의 팔을 동시에 (높이) 들어서 (양팔의 이어진 모양이 머리 위에서) 하늘을 가로지른

것처럼 하는 것이 하나의 도리이며, 열째, (거궁 때는) 활을 가볍게 들고, (개궁할 때에는) 양팔에 힘을 주지 않는 것이 하나의 도리이다.

◎ 1문단과 2문단이 합쳐져서 의미상 하나의 문단이나, 너무 길어서 임의로 나누었다. 이 10가지 도리는 『정사론』 사법을 총괄 요약한 것으로 한 조목 한 조목이 매우 중요한 내용이라 그 어느 하나라도 결코 간과해서는 안 된다.

第(제)後執二指者(후집이지자)가 但乘其方(단승기방)하되 恒念更氣者(항념갱기자)가 爲一道(위일도)요, 〈氣吸(기흡)이라야 矢內入也(시내입야)니, 非口也(비구야)요 謂指也(위지야)니라.〉 第(제)前擧爲肱者(전거위굉자)를 克爲其圓(극위기원)하고, 常思烏頭之微(상사오두지미)하며, 而彼先從於我者(이피선종어아자)가 爲一道(위일도)요, 第(제)擧弓之際(거궁지제)에 左右肱者(좌우굉자)를 同擧橫天者(동거횡천자)가 爲一道(위일도)요, 第(제)輕擧兩臂無力者(경거양비무력자)가 爲一道(위일도)니라.

2) 但乘其方(단승기방) 恒念更氣(항념갱기): 깍지손의 손가락으로 시위를 당겨서는 안 되고, 깍지손가락은 다만 시위를 붙잡기만 하고, 방정하게 자리 잡은 뒤 팔이 당기는 대로 깍지손이 따라만 가야 한다는 뜻이다. 물론 당기는 팔을 당기

는 것은 어깨이고, 어깨를 당기는 것은 등골과 허리이다. 또 이것을 버티어 주는 것은 골반과 허벅지와 다리이며, 다리가 버티게 해 주는 것은 발바닥과 발가락이다. 이 모든 전신의 힘이 깍지손의 두 손가락과 줌손의 세 손가락 아귀에 모인다. 이렇게 모인 힘이 역시 전신에서 내적으로 계속 분출하는 도도한 기운에 의해 손끝에서 매우 미세한 동작으로 터진다. 이것이 곧 발시이다. 여기서 更(갱)은 '잇다, 계속하다'라는 뜻이다. 즉 기운이 끊임없이 빨려들어 오듯이 이어지는 것을 뜻한다. 참으로 묘한 뜻을 가진 말이다.

3) 先從於我(선종어아): 22편에 나오는 중요한 개념이다. 자세한 내용은 22편 본문 전체를 참조하기 바란다.

4) 擧弓之際(거궁지제) 左右肱者(좌우굉자) 同擧橫天(동거횡천): 제3편 1문단의 "擧之兩臂之際(거지양비지제) 前後節肱殘膚者(전후절굉잔부자) 同擧橫天方圓(동거횡천방원)"과 같은 뜻이다. 양팔을 높이 들어 양팔의 이어진 모양이 머리 위에서 하늘을 가로지른 것처럼 하면서, 앞 팔은 원의 모양이 되게 하고 뒤 팔은 직각의 모양이 되게 하는 거궁 자세를 말한다.

3 이 10가지 도리 가운데 비록 1가지의 도리라도 힘쓰지 않으면, 호랑이를 그리려다 (개를 그리고 마는 것처럼, 훌륭한 활쏘기를) 이루지 못할 것이다. 위의 편(篇)들에서는 성인으로부터 유래한 옛 풍속의 활쏘기를 말하였고, 오늘날 궁사

들의 활쏘기에 대해서는, (거궁할 때의 도리인) 앞 팔을 높이 들어 앞 팔 모양이 원이 되게 하는 규(規)와 뒤 팔을 높이 들어 뒤 팔 모양이 직각이 되게 하여 붙잡는 구(矩)를 설명하였고, 자신을 바르게 하는 정기(正己)의 도리를 설명하였다. 또한 온 마음으로 온 정성을 다해야 하는 내용들, 골절의 강하고 부드러움과 굳세고 약함, 이로운 활쏘기와 해로운 활쏘기, 허한 활쏘기와 충실한 활쏘기 등을 밝혔다. 속 타는 마음을 억누르며 이 글을 지으니 조리가 없이 잡다하게 말한 것이 두렵기도 하고, (내가) 쓴 글들이 (사법의 이치를) 비슷하게나마 표현했는지도 모르겠다.

茲以十道(자이십도)에 雖有一道之務(수유일도지무)라도 不爲(불위)하면 畵虎不成者矣(화호불성자의)리라. 上篇(상편)은 言(언) 聖人由來(성인유래)의 古風之射(고풍지사)하고, 以今人之射(이금인지사)를 論之於規矩正己之道(논지어규구정기지도)하며, 以徵(이징) 十心十精之類(십심십정지류)와 骨節之强柔剛弱(골절지강유강약)과 利害虛實之射(이해허실지사)니라. 焦心抑作(초심억작)하니, 不辭蕪辭而弁(불사무사이변)이요, 書者(서자)도 未知其髣髴然(미지기방불연)이로다.

5) 畵虎不成者(화호불성자): 후한서(後漢書) 마원전(馬援傳)에 나오는 畵虎不成 反類狗者(화호불성 반류구자)가 출전

이다. 호랑이를 그리려다 실패하면 개를 그리게 된다는 뜻으로, 훌륭한 사람을 잘 선택해서 본받아야 함을 이른 말인데, 여기서는 지으신 글에 대한 겸손의 말씀으로 쓰였다.

6) 聖人(성인): 구체적으로는 공자(孔子)를 가리킨다. 공자께서 확상의 들판에서 사례를 행한 것이 가장 오래된 고풍의 활쏘기라 할 수 있다.

7) 徵(징): 타동사로 '밝히다, 증명하다, 고증하다'의 뜻이다. 바로 아래의 "十心十精之類(십심십정지류)부터 利害虛實之射(이해허실지사)"까지를 빈어(목적어)로 삼는다.

8) 焦心(초심): 마음을 졸여서 태우며 염려함.

9) 不辭(불사): '말 같지 않다, 말이 조리에 맞지 않다'는 뜻으로 자신의 말을 겸손하여 이르는 말이다. 辭는 '사양하다'라는 뜻이 아니다.

10) 蕪辭(무사): 되는 대로 조리 없이 늘어놓은 어지러운 말이라는 뜻으로, 자기의 말을 겸손하여 이르는 말이다.

11) 弁(변): '두려워하다, 염려하다'라는 뜻으로, 혹시나 자신이 쓴 글들에 잘못된 내용이 있을까 염려된다는 겸손의 말씀이다.

12) 書者(서자): '쓴 것들'로 지금까지 쓰신 글들을 가리킨다.

13) 未知其髣髴然(미지기방불연): 쓰신 글들에 사법의 올바른 이치가 거의 비슷하게나마 설명되었는지 모르겠다는 겸손의 말씀이다. 髣髴(방불)은 쌍성(雙聲) 연면어(連綿語)로 彷彿(방불)과 같다. 뜻(義)이 아니라 음(音)으로 만들어진

단어이다. '거의 비슷하다'는 뜻을 가진다.

4 이에 몇 마디의 말로 이 책을 마무리 짓고자 한다. 만약 명철한 스승을 만나지 못하고 활을 배우는 사람들이 있다면, 이 책을 읽고 연구하고 또다시 읽으며, 사대에서 만날 때마다 함께 (이 책을) 보고 (의심나는 바를) 서로 물으며, 서로가 스승이 되어 함께 노력하기 바란다. 그러면 비록 스승이 없을지라도 예절과 법도를 함부로 벗어나지 않게 될 것이며, 그 또한 국가의 성스러운 시기에 무예 권장함을 실천하는 것이니, 우리가 사는 마을에서 활을 논하는 것만이 아닐 것이다.

◎ 이로써 청교 장언식 공의 『정사론』 본문이 끝난다. 마지막으로 말씀하신 공의 말씀에 깊은 감동과 함께 가슴이 뭉클해짐을 금할 수 없다. 여기서 무인으로서의 장군께 깊은 존경의 마음을 표한다.

茲以(자이) 成篇數語(성편수어)하노라. 若不能處之明哲之師學者(약불능처지명철지사학자)면, 讀此一篇(독차일편)하고 講且又讀(강차우독)하며, 每相面射臺(매상면사대)에 同示相問(동시상문)하고 相師同工(상사동공)하면, 雖無師(수무사)라도 不可妄爲之儀則(불가망위지의칙)이며, 亦爲國家聖代之勸武(역위국가성대지권무)니, 非特吾鄕之論射也(비특오향지논사야)니라.

14) 成篇數語(성편수어): 몇 마디의 말로 이 책을 마무리하겠다는 말씀이다.
15) 講且又讀(강차우독): 여기서 講(강)은 '암송하다, 배우다, 익히다, 연구하다' 등의 뜻이 있다. 필자는 다만 '연구하다'라는 뜻을 골랐을 뿐, 어떤 뜻이라도 문맥에 다 잘 어울린다.
16) 非特吾鄕之論射(비특오향지논사): 스승이 없어 이 책을 읽고 연구하면서 사법을 논하는 사람들에 대해, 그들의 사법 토론이 다만 그들의 활터나 마을에서 하는 사론(射論)의 차원을 넘어 국가에서 권장하는 무예를 실천하는 훌륭한 행위라는 뜻을 담고 있다.

5 임신년 5월 하순에, 정미년 무과에 합격하였고, 가의대부이며, 동첨절제사로 (복무한) 청교 장언식이 쓴다.

壬申(임신)五月(오월)下澣(하간), 丁未(정미)武科(무과), 嘉義(가의), 同僉節制(동첨절제), 靑郊(청교) 張彦植(장언식) 書(서)

17) 壬申五月下澣(임신오월하간): 1872년 오월 하순.
18) 丁未武科(정미무과): 정미년(1847년) 무과에 합격하였음을 말한다.
19) 嘉義(가의): 가의대부로 종2품 상계의 계급이다. 가의대부급에 해당하는 문관 관직은 6조 참판, 8도 관찰사, 대사헌

등이며, 무관 관직으로는 중앙 관직으로 오위도총부 부총관, 지방 관직으로 병마절도사, 삼도수군통제사 등이다.

20) **同僉節制(동첨절제):** 동첨절제사를 말한다. 종4품 자리로 제진(諸鎭)을 지휘하는 지휘관이다. 조선 말엽에는 128명이었다. 거진(巨鎭)의 지휘관인 첨절제사(종3품 자리)의 지휘를 받는다.

발문

1 나 식(植)은 열일곱 살 갑신년에 보사를 시작하고, 정해년 여름에 금군의 일에 발천되어 철전 쏘기를 도와주고 주선하면서 (철전 쏘기를) 공부한 사람이다. 또 유엽전 쏘기에 대해 말하자면, 내가 화포를 몇 년간 쫓아다니며 활을 쏠 때, 잘 헤아려서 쏘면 관중하는 것이 절반을 조금 넘었는데, (이때) 보는 사람들이 내가 활 쏘는 법을 칭찬하면서 제멋대로 이르기를, "만약 활쏘기의 품격을 돈으로 살 수 있다면 천금이라도 주고 사겠다"라고 한 적이 있다.

◎ 공께서 자신이 활을 쏜 내력을 설명하신다. 일반 활과 철전을 쏜 경위를 설명하시며, 본인이 본래 활을 잘 쏘았던 사람임을 밝힌다. 그러나 자랑하려는 것이 아니라, 자만하여 실패한 쓰라린 경험을 말하기 위함이다.

植(식)은 方年十七(방년십칠) 甲申(갑신)에 始之步射(시지보사)하고, 至丁亥夏(지정해하)에 發薦于禁旅之業事(발천우금려지업사)하여, 副越三矢之鐵箭(부월삼시지철전)하며 周旋(주선)한 工夫者(공부자)니라. 反柳則(반류즉), 畫布(화포)를 數年巡之(수년순지)하며 籌劃而射(주획이사)하되

中(중)이 半餘(반여)하니, 觀者(관자)가 譽道妄稱(예도망칭)하며, 而(이) "若買弓品(약매궁품)으로 論(논)하면 當千金之換(당천금지환)"이라 云(운)하니라.

1) 甲申(갑신): 순조 24년(서기 1824년), 공의 나이 17세.
2) 丁亥(정해): 순조 27년(서기 1827년), 공의 나이 20세.
3) 步射(보사): 말을 타지 않고 서서 쏘는 활쏘기. 공이 17세에 보사(步射)를 공부하여 보군(步軍)으로 입대하셨다.
4) 發薦(발천): 발탁되었다는 뜻이다. 이 구절로 공께서 별무사로 발천된 것임을 거의 확실하게 추측할 수 있다. 별무사는 무과에 급제하여 벼슬을 받은 정식 관리(무관)는 아니지만 초급 장교급의 대우를 받는 직업 군인이었다.
5) 禁旅(금려): 궁궐을 지키고 임금을 호위하며 경비하던 군대이다. 금군(禁軍)이라고도 하는데, 조직, 명칭, 규모가 시대에 따라 변하였다. 공이 금려에 들어갔을 때는 순조 27년(1827년)으로, 당시 금려의 명칭은 정조(正祖) 때 설치하여 존속된 장용영(壯勇營)이고, 내영(內營)과 외영(外營)이 있었으며 병졸은 700명 정도였다. 이 중에 별무사(別武士)가 30인 정도였다.
6) 業事(업사): 여기서는 금군(禁軍)인 장용영(壯勇營)의 여러 가지 일들을 가리킨다. 공은 특히 병사들의 철전 쏘기 훈련과 관련된 일을 맡으셨다.
7) 副(부): '보좌하다, 돕다(조교로 활동하다)'라는 뜻의 동사로

쓰였다. 공이 금군의 병사들이 철전을 쏘는 일을 도와주었다는 뜻이다. 물론 철전 쏘기를 직접 가르치기도 하셨을 것이다.

8) 越三矢之鐵箭(월삼시지철전): 앞에 나온 副(부)의 빈어구(목적어구)로 '철전 쏘기'라고 번역한다. 공이 복무하던 당시의 금군인 장용영에서는 봄과 가을 두 차례 도시(都試: 무사 선발을 위한 특별 시험)를 보였는데, 철전(鐵箭) 과목은 100보 밖에서 3시(三矢)로 시험을 보았다. 3시 가운데 1발 이상이 정해진 거리인 100보를 넘었을(越: 넘을 월) 때 합격이다. 1보를 세종 때의 도량형 기준인 주척 6척으로 본다면 124cm 정도가 되어 100보는 약 124m가 된다. 6냥은 225g으로 오늘날 활터에서 쓰는 6돈 화살 10발의 무게이다. 철전은 무사 선발을 위한 특별 시험에서 철전(鐵箭) 3시(三矢)로 정해진 거리를 넘기는(越) 것이었으므로 越三矢之鐵箭(월삼시지철전)이라는 표현을 하셨다.

9) 周旋(주선): 일이 잘 되도록 여러 가지로 힘씀. 금군의 병사들에게 철전 쏘기 훈련이 잘 되도록 지도하면서 여러 가지로 힘을 써 주었다는 뜻이다.

10) 工夫者(공부자): '공부한 사람이다'라는 뜻으로 위에서부터 이어진 문장의 술어부(述語部)이다. 그 공부는 당연히 철전 쏘기이다. 공은 철전 쏘기 훈련을 도와주면서 자신도 철전 쏘기를 계속 공부했다고 밝힌 것이다. 조선 한문에서 문장 끝의 者는 '~한 사람이다'라는 서술어로 흔히 사용된다.

11) 畫布(화포): 솔포(직물 과녁)로 중앙에 그림(사각형)을 그린 과녁이다.
12) 巡之(순지): 쫓아다니다. 之(지)는 畫布(화포)를 가리키는 지시대명사이다.
13) 籌劃(주획): 헤아려서(살펴서) 계책(計策)함. 여기서는 과녁 (화포)의 주변 지형과 바람뿐만 아니라, 활과 화살의 무게, 활쏘기의 자세와 동작 등을 헤아리는 것도 포함된다고 볼 수 있다.
14) 譽道妄稱(예도망칭): 譽(예)는 '칭찬하다', 道(도)는 '(활 쏘 는) 방법', 妄稱(망칭)은 '헛되이(제멋대로) 이르다(말하다)' 라는 뜻이다.
15) 弓品(궁품): ① 조궁(造弓)된 활을 품질에 따라 등급을 매 긴 것. ② 궁사의 활 쏘는 품격, 구체적으로는 자세와 동작, 궁체의 품질. 여기서는 ②의 의미로 사용되었다. 『승정원일 기』 인조 14년 6월 27일 기록 가운데 "… 鐵箭入格五名(철 전입격오명), 其餘則試射雖不入格(기여즉시사수불입격), 而或弓品熟習(이혹궁품숙습)…"에 기록된 弓品(궁품)이 같은 뜻이다.

※ 장언식 공의 금군 발천

조선시대 별무사(別武士)는 보군(步軍) 가운데 무예가 있는 자 약간 명을 발탁하여 훈련도감, 금위영(禁軍, 금군), 어영청(禁軍, 금군) 등에 배치시킨 군인이다. 장용영(禁軍, 금군)에서도 그렇게 하여 별무사 30인을 두었다. 그렇다면 여기서 말하는 發薦(발천)은 공이 17세에 보군(步軍)에 들어갔다가 3년 후인 20세에 별무사로 발탁된 것으로 추측할 수 있다. 별무사는 무과에 급제한 무관은 아니지만 녹봉을 받는 직업 군인이었으며, 별무사들에게는 무과로 진출하는 유리한 기회가 있었다. 봄과 가을 두 차례에 실시하는 도시(都試)에서 성적이 우수하면 승급을 하고, 수석을 하면 무과의 초시와 복시를 면제하고 바로 전시(展試)에 응시하게 하였다. 무과의 초시와 복시를 면제하고 곧바로 전시에 응시하게 하는 것은 혜택이다. 전시에서 입격(入格)하면 곧 무과의 급제자가 되어 무관(武官)의 벼슬길에 나간다. 공은 별무사로 발천된 지 20년 후인 40세에 비로소 무과에 급제하셨다. 그러므로 공께서 20세에 직업 군인이 되어 40세에 무과에 급제할 때까지 계속 군대에 복무하신 것 같다. 뒤에 나오는 "청춘에 종군하여 흰머리가 되어 관직을 얻었다"라는 글도 이런 추측을 뒷받침한다.

2 일찍이 활쏘기에 대해 다른 사람과 이야기할 때, 나의 활쏘기 궁력이 다른 사람에게 뒤진다는 (소리를 듣지) 않았고, 과녁의 중심인 곡(鵠) 맞히기를 시합하면 무리 가운데서 밑돌지 않았다. 이와 같은 일이 일상사가 되자 나의 활쏘기 품격이 진중하지 못하고 거리낌이 없게 되었으며, 마음속으로 내가 가장 잘한다고 자부하게 되었다. 결국 이것이 나의 활쏘기가 쇠퇴하는 실마리가 되었다.

◎ 청교 공께서 과녁을 잘 맞히면서 우쭐했었던 과거의 활쏘기가 도리어 그 자만심으로 인해 활쏘기가 쇠퇴한 단초였음을 말씀하신다.

曾於射與他論之時(증어사여타논지시)에 射(사)의 弓力(궁력)이 不負之於他人(불부지어타인)하고, 爭射中鵠(쟁사중곡)에는 致衆無下(치중무하)라. 如是行禮(여시행례)하니 射風(사풍)이 任恣無殫(임자무탄)하고 心最自譽(심최자예)하니 衰之端也(쇠지단야)라.

16) 如是行禮(여시행례): 이와 같은 일이 의례를 행하듯이 빈번하게 있었다는 말로, 그와 같은 일이 일상사가 되었다는 뜻이다.
17) 任恣無殫(임자무탄): 방자하고(진중하지 못하고) 거리낌이 없음.
18) 射風(사풍): 여기서는 한량들 사이에 유행하는 집단적 풍습이 아니라, 한 사람(공 자신)의 활 쏘는 풍격(風格: 풍채와 품격)을 가리킨다.

3 아, 그때는 손에 익숙한 활로 적당하게 쏘는 것이라 여겼는데, (몸을) 다치는 원인이 날로 늘어만 갔다. (그 이유는 내가 쏘던) 활이 그 지역에서 (가장) 강한 활이었고, 처음으로 잡는 활이라도 시험 삼아 쏘면 한 냥의 무거운 화살이 끝 모

를 정도로 날아갔는데, 이와 같은 행위가 매우 어리석고 염려스럽다는 것을 감히 알려고도 못했고, (오직) 원하는 목표만 생각하고 당장 그 한계에 도달하려고만 했기 때문이다.

噫(희)라! 伊時(이시)엔 熟手之弧(숙수지호)로 將作而適(장작이적)이나 傷因(상인)은 日得(일득)이니, 弧者(호자)는 弓强於一境(궁강어일경)하여 初試射之(초시사지)하면, 則一兩重矢者(즉일냥중시자)가 不知其所去之限(부지기소거지한)이라. 如是(여시) 無地愚慮者(무지우려자)를 敢不能知之(감불능지지)하고 自斂之止(자감지지)하여, 尤求致限於當場(우구치한어당장)이라.

19) **熟手之弧(숙수지호)**: '손에 익숙한 활'이라고 번역하였으나, '자신의 힘에 충분한 활'이라는 뜻도 있다.
20) **將作而適(장작이적)**: 將(장)은 추측을 나타내는 조동사, 作而適(작이적)은 '당겨서 적당하다고 여기다'라는 뜻이다. 作(작)은 '활을 당기다'라는 뜻을 가지는 궁술 용어이다. 예를 들어 滿作(만작)은 '활을 가득 당김'이라는 뜻이다. 따라서 이 구절은 '그 강한 활이 자신에게는 적당한 활이라고 여겼다'라는 뜻이며, 자신도 모르게 무리한 강궁을 계속 쏘았다는 말씀이다.
21) **一兩重矢(일냥중시)**: 조선시대 무과(武科)의 교습에 사용된 화살로 장전(長箭)이라고도 하며, 정량궁에 사용하는 철

전 가운데 한 종류이다. 정량궁에 사용하는 화살로 6냥의 화살은 정식의 양수(兩數)에 맞는다고 하여 정량전(正兩箭), 4냥은 정식에 버금간다고 하여 아량전(亞兩箭), 1냥에서 1냥 5돈은 장전(長箭)으로 구분하였다. 지금 이 문단은 공께서 철전을 쏘는 정량궁을 쏘신 것에 대한 기술이다. 워낙 강한 활이라 몸에 탈이 생기기가 쉬운데도 이를 모르고 지나치게 활을 쏜 결과 결국 몸에 병이 생기게 된다. 구체적인 몸의 병은 다음 문단에서 자세하게 설명된다.

※ 六兩箭(육량전)

호(楛: 광대싸리), 죽(竹: 대나무), 철(鐵), 근(筋: 소심줄), 우(羽: 꿩 깃), 도피(桃皮: 복숭아나무 껍질), 교(膠: 어교) 등의 7재(七材)로 합성하여 살의 무게가 6냥이 되므로 보통 6냥전이라고도 하며, 이것이 철전의 정식 양수(兩數)이므로 정량(正兩)이라고 한다. 무과초시(武科初試)에서는 정량궁(正兩弓)으로 3발을 쏘았으며, 거리는 80~100보였다.

22) **無地愚慮者(무지우려자)**: '매우 어리석고 염려스러운 것을' 이라는 뜻으로, 전치(前置)된 목적어구이다. 이 목적어구를 거느리는 동사구는 뒤에 이어지는 '敢不能知之(감불능지지)'이다.

23) **自歛之止(자감지지)**: '스스로 도달해야 할 곳만을 바라고' 라는 부사구. 歛(감)은 願也(원야: 바라다), 止(지)는 머무

를 곳, 도달할 곳이라는 뜻으로 자신이 정한 목표를 뜻한다. 사서(四書)의 하나인『대학(大學)』에 "知止以后有定(지지이후유정)"이라는 구절이 있는데, 自歉之止(자감지지)에서 쓰인 止(지)의 의미와 같다. 조선시대 무과에서는 이『대학(大學)』도 선택 과목의 하나였으며, 공께서도『대학』을 읽으셨으므로 이런 단어를 사용하셨다.

4 이리하여 줌손은 낮아지고 깍지손은 짧아져서, (앞 팔을 들어 올리며 미는) 전거(前擧)가 어렵게 되고 (뒤 팔을 내리 누르며 붙잡아 당기는) 후집(後執)도 어렵게 되는 등 활쏘기의 자세와 동작이 변하고 바뀌었다. 다른 사람들은 이를 알았지만 정작 나 자신은 이를 알지 못하였으니, 이는 말할 필요도 없이 내가 나 자신을 과신했기 때문이다.

是以(시이)로 前低後短(전저후단)하고 難擧難執(난거난집)하며, 形焉變易(형언변역)에 人知而我不知(인지이아부지)하니, 此(차)는 非論(비론) 自恃之故也(자시지고야)라.

24) 前低後短(전저후단): 앞 팔(前: 전)이 낮아지고 뒤 팔(後: 후)이 짧아짐. 즉 요즘의 양궁 자세를 생각하면 된다. 양팔을 높이 들어 밀고 당기면 뒷가슴이 활짝 열리며 견갑골이 쭉 펴져서 활을 길게 당길 수 있다. 그러나 양궁처럼 앞 팔을 낮추어(前低: 전저) 직선으로 당기면 뒷가슴과 견갑골이

활짝 펴지지 않아 활을 길게 당길 수 없다. 따라서 앞 손을 낮추면(前低: 전저) 깍지손이 짧아지는(後短: 후단) 현상이 반드시 발생한다. 『정사론』의 개궁법은 과녁을 정면으로 대하여 높은 위치에서 당겨 내려오는 방법으로, 불거름이 정면을 향한 채로도 양궁의 개궁법보다 훨씬 더 많이 당길 수 있다. 즉 짧은 팔에도 더 긴 화살을 쓸 수 있다.

25) **難擧難執(난거난집)**: 앞의 前低後短(전저후단) 주석에서 설명한 대로, 앞 팔을 낮추면 전거(前擧)와 후집(後執)을 하기가 어렵게 됨은 필연이다. 사실로 말하면 어려운 정도가 아니라 전혀 불가능하다.

26) **形焉變易(형언변역)**: 形(형)은 활을 쏘는 몸의 자세이다. 焉(언)은 之於(지어)이다. 따라서 이 구절은 '形之於變易(형지어변역)'과 같아, '활을 쏘는 자세가 변하였는데도'라는 부사구가 된다.

5 이 같은 현상이 일어난 지 얼마 지나지 않아, 활쏘기로 인한 (몸의) 병이 시작되었다. (깍지를 낀 엄지손가락의 굳은살이 터져서) 그 흰 가루가 화살의 깃과 화살대 사이에 뿌려졌으며, 〈이 정도 되었다면 (얼마나 많이) 활을 쏘았는지 알 수 있을 것이다.〉 (깍지손 엄지손가락과 줌손의 손바닥에서) 붉은 피가 점점이 흘러나와 깍지와 줌통의 변두리를 적셨다. 〈붉은 피가 점점이 흘러나온 것은 상처에서 나온 것이다.〉

如是未久(여시미구)에 射病(사병)이 始發(시발)하니, 白粉(백분)이 出(출)하여 劃於羽矢之間(획어우시지간)하고,〈白粉(백분)이 出(출)하여 劃(획)이면 射者(사자)를 可知(가지)라.〉紅血(홍혈)이 点漏於決弝之邊(점루어결파지변)하니라.〈紅血(홍혈)이 点漏(점루)는 出於傷處(출어상처)라.〉

27) **白粉出劃於羽矢之間(백분출획어우시지간)**: 白粉(백분: 흰 가루)은 깍지를 낀 엄지손가락의 굳은살이 벗겨지고 터져서 가루가 된 것이다. 지독한 활쏘기로 인해 몸에 탈이 생겼고, 그 탈로 인해 화살의 깃 사이에 뿌려지는 흰 가루라면 화살을 시위에 끼우는 깍지손 엄지손가락의 굳은살 터진 가루 말고는 도무지 있을 것이 없다. 활을 독하게 쏘아 본 사람은 알 수 있는 일이다.

28) **紅血点漏於決弝之邊(홍혈점루어결파지변)**: 決(결)은 깍지손의 엄지손가락을 보호하기 위한 기구인 깍지이고, 弝(파)는 줌손이 잡은 줌통이다. 따라서 이 구절은 깍지손의 엄지손가락과 줌손에 생긴 상처에서 피가 흘러서 깍지와 줌통에 점점이 묻었다는 뜻이다.

29) **射者可知(사자가지)**: 射者(사자)는 '활을 쏜 것'이라는 뜻으로 도치된 목적어이다. 이를 '활을 쏘는 사람'이라는 뜻의 주어로 해석하면 안 된다. 굳은살이 터져서 화살 깃 사이에 뿌려졌다면 얼마나 많이 활을 쏘았는지 알 수 있을 것이라는 말씀이다.

※ 前低後短(전저후단)과 중국 및 양궁의 사법

 높은 거궁 자세를 하지 않으면 전거와 후집이 안 되어 활을 만족하게 당기지 못하게 되니, 몸은 점점 옆으로 빗겨 서게 되고, 다리는 점점 벌리게 되며, 심하면 얼굴조차 과녁을 정면으로 대하지 못하고 삐딱하게 대하고, 눈도 과녁을 정면으로 응시하지 못하고 째려보는 등 우리 활의 자세와는 다른 자세로 변하게 된다. (이를 4문단에서 "形焉變易(형언변역)"이라고 하셨다.)

 우리 활의 활쏘기 자세는 몸과 얼굴을 과녁 정면으로 대하는 정사법(正射法)이고, 양궁, 중국, 일본 사법은 몸통을 과녁과 빗겨 대하는 측사법(側射法)이다. 정사법(正射法)은 우리 활의 사법과 중국, 양궁, 일본 사법과 구분하는 일차적이고 근본적 기준이다. 이것이 기본 자세이기 때문이다. 깍지손을 봉하든지 뒤로 뿌리든지, 줌손을 봉하든지 고자채기를 하든지, 줌손과 활장이 불거름으로 지든지 안 지든지, 이런 것들은 그다음의 문제이다. 만약 얼굴만 과녁을 정면으로 보면 된다고 생각하여 옆으로 선 자세에서 억지로 얼굴만 과녁 쪽으로 틀면 목이 비틀려서 언젠가는 큰 병이 생길 가능성이 있다. 이것 역시 호랑이를 그리려다 개를 그리는 것이다.

6 이리하여 오두는 어긋나게 맞물리고, (깍지손과 시위는) 턱과 뺨에서 멀어져 (몸과 활이 따로 놀게 되었으며), 활이 가득 당겨질 즈음에 다시 딸려 나가니 가득 당김을 유지하려 해도 가득 당김이 유지되지 않았고, 깍지를 떼어 쏘려고 해도

깍지가 (제대로) 떨어지지 않게 되었다.

是以(시이)로 烏頭叛而頤腮遠執(오두반이이시원집)하고, 引彀來還以授之(인구래환이수지)하니 彎弓而未彎(만궁이미만)하고, 決射而未決(결사이미결)이니라.

30) 烏頭叛(오두반): 견갑골과 위팔뼈가 올바로 맞물리지 않고 어긋나게(叛) 맞물리는 현상을 말한다. 어깨를 낮추지(墮) 않고 솟아오르게 하거나 어깨를 몸통 속으로 욱여넣을 때 일어나는 현상이다. 이때 오두는 솟아 있거나 안쪽으로 향하여 팔과 직대(直對)하지 않고 어긋나게 대하게 되니(斜對: 사대), 어깨가 망가지는 원인이 된다. 叛의 훈음은 '어긋날 반'이다.

31) 頤腮遠執(이시원집): 깍지손과 시위가 턱과 뺨에서 멀리 떨어지는 것이다. 이렇게 하면 몸과 활이 따로 놀며 여러 가지 병폐가 생기게 된다. 「사론」 20편에 자세한 설명이 있다. 이렇게 몸과 활이 따로 노는 것을 『정사론』에서는 孤(고)라는 용어로 표현했고 활과 몸이 일체가 되는 것을 篤(독)이라는 용어로 표현했다. 뒤에 나올 구절, 스승님이 공에게 질문한 구절인 "以孤爲篤(이고위독)"도 그런 뜻이다.

32) 彀來(구래): '활이 가득 당겨질 즈음에'라는 뜻이다. 제14편 1문단의 彀來(구래)와 같은 뜻이다.

33) 彎弓而未彎(만궁이미만): 이 구절은 활을 가득 당기지 못

했다는 뜻이 아니라, '활을 가득 당긴 상태를 유지하려 해도 그 상태가 유지되지 않았다'는 뜻이다. 『정사론』에서 彎(만)은 '당긴다'는 뜻이 아니라 '가득 당겨진 상태'임을 앞에서도 몇 차례 설명했다.

7 이렇게 되자 (사람들은) 나에 대한 칭찬을 바꾸어 탄식하기를 "전에는 천금을 주고 사려 했는데, 이제는 벽돌이나 흙 값이 되었구나"라고 했다. 이와 같은 현상이 고질병이 되어 여러 해를 지나다가 변경의 첨절제사로 좌천되었다. 그런즉 청춘에 종군하여 흰머리가 되어 벼슬을 얻었으나, (그 벼슬도) 반드시 수명이 있는 것이라 하겠다.

◎ 발문 15문단 "만약 10년 전이었다면 벽돌 같던 (나의 활쏘기가) 황금처럼 되었을 것이요"라는 내용과 연결해서 이 문단을 본다면, 공의 활병이 심각해진 시기는 50대 중반인 55세 무렵이 될 것이다. 이는 1862년(철종 13년 임술) 7월 18일자 『승정원일기』 「비망록」의 기록인 유원진 첨사 장언식의 하직 내용과 완전히 일치한다. 이때 공이 55세였다.

譽反爲訾曰(예반이자왈) "**曾買千金之論**(증매천금지론)이 **價下甓土**(가하벽토)라" 하니라. **如是**(여시) **爲痼屢年**(위고누년)이라가 **蒙除邊制**(몽제변제)하니, **則靑春從軍**(즉청춘종군)하여 **白首得官**(백수득관)이나 **必其壽者**(필기수자)라.

34) 蒙除邊制(몽제변제): 변방의 절제사로 임명을 받았다는 뜻이다. 蒙(몽)은 '입을 몽, 받을 몽'이고, 除(제)는 '임명할 제'이다. 邊制(변제)는 '변방의 첨절제사'를 줄인 말인데, 공은 거진(巨鎭)의 첨절제사(종3품 자리)가 아니라, 제진(諸鎭)의 동첨절제사(종4품 자리)로 임명되었다.

8 (변방에 부임한 지) 20개월에 친상을 당하는 불행을 겪게 되었다. 아아, 이에 부음(訃音)을 받아 별을 머리 위에 이고 집으로 돌아가 상복을 입으니, 다시는 부모님의 은혜를 갚을 길이 없게 되었다. 세월은 물이 흐르듯 흘러가 밤낮으로 멈추지 않았다. 마침내 상기를 마치고 상복을 벗으니, 서리같이 차가운 3년의 세월이 지났다.

◎ 위 문단은 변방의 동첨절제사(종4품의 자리)로 좌천된 심경을 비유로 표현한 것이 아니라, 실제로 친상을 당하신 것으로 추측된다. 다만 부친상인지 모친상인지는 알 수 없다.

月歷二十晦(월력이십회)에 不幸當故(불행당고)하니, 是烏呼(시오호) 戴星之行(대성지행)하고 衰衰罔極(최최망극)이라, 歲月流邁(세월유매)하고 晝宵不居(주야불거)하여 闋之變製(궐지변제)하니, 三歷霜矣(삼력상의)러라.

35) 月歷二十晦(월력이십회): 20개월이 지났다는 뜻이다. (晦

는 그믐이니 그믐이 20번 지났다면 곧 20개월이 지났다는 말이다.)

36) **不幸當故(불행당고)**: 當故(당고)는 부모의 상사(喪事)를 당하는 것을 이르는 말이다.

37) **戴星之行(대성지행)**: '별을 머리 위에 이고 가는 길'이라는 뜻으로, 객지에서 부모님의 부음(訃音)을 받고 밤새워 집으로 돌아가는 길을 말한다.

38) **衰衰罔極(최최망극)**: 衰(최)는 조부모나 부모의 상(喪: 장례식) 때에 입는 상복(喪服)이다. 衰衰(최최)에서 앞의 衰(최)는 '상복을 입는다'는 동사로, 뒤의 衰(최)는 '상복'이라는 명사로 사용되었다. 영어의 'dreamed a dream'이라는 문장 구조와 비슷하다. 罔極(망극)은 부모님의 은혜가 너무 커서 갚을 길이 없다는 뜻이다.

39) **歲月流邁(세월유매) 晝宵不居(주소불거)**: 세월이 흘러가서 밤낮으로 머물지 않았다는 뜻이다.

40) **闋之變製(결지변제)**: 闋之變製(결지변제)는 闋服(결복), 闋制(결제)로 부모님의 삼년상(三年喪)을 마치는 것을 뜻한다. 製는 制의 통자(通字)로 쓰였다.

41) **三歷霜矣(삼력상의)**: 3년간 서리와 같이 차가운 세월을(부모님을 여읜 차가운 마음을) 견딘 것을 뜻한다. 부모님을 여읜 효자의 마음은 서리를 맞은 듯한 마음(霜心: 서리 맞은 마음)일 것이다.

※ 闋服敍用(결복서용)

상(喪)을 당하여 벼슬에서 물러났던 사람을 탈상한 뒤에 다시 기용하는 것을 말한다. 발문의 내용을 자세하게 살펴보면 청교공께서 변방에 부임한 지 20개월 만에 친상을 당하여 2년 5개월 정도 휴직하고 상기를 마친 다음 다시 복무지로 가신 것으로 보인다.

9 집안이 가난하기는 하나 춥고 굶주리는 형편은 아니고, 내가 비록 늙었지만 정신이 혼미하지도 않다. 나의 성질에 별다른 소일거리도 없으니 무엇을 하며 늙음을 보낼 것인가? (이제) 마음을 가라앉히고 앉아서, 이전의 헛된 활쏘기를 안으로 되돌아보며 당시의 마음을 스스로 헤아려 보니, '독한 약은 입에는 쓰나 병에는 이롭고, 충성스런 말은 귀에는 거슬리나 행동에는 이롭다'라는 말을 알지 못했었구나. 이 얼마나 부끄럽고 한탄스러운 일인가!

◎ 이 문단 내용으로 보아 일성록 고종 8년(1871년) 9월 12일과 고종 10년(1873년) 6월 2일 시사(試射) 기록에 나오는 장언식 절충장군은 공이 아닌 다른 분임을 추측할 수 있다.

家雖貧(가수빈)이나 不至寒餒(부지한뇌)하고, 年雖老(연수로)나 未及昏髦(미급혼모)라, 性無消遣(성무소견)하니 何以送老(하이송로)인고? 潛居抱道(잠거포도)하고 以前素射

者(이전소사자)를 內顧(내고)하며 自量其心(자량기심)하니, 則(즉) '毒藥苦口(독약고구)나 利於病(이어병)하고 忠言逆耳(충언역이)나 利於行(이어행)'을 未知(미지)니, 何也之愧歎哉(하야지괴탄재)아?

42) 昏耄(혼모): '늙어서 정신이 흐림.' 耄(모)는 蒿(모)와 통자(通字: 통용하는 글자)로 80살에서 90살까지의 나이를 가리킨다. 그 정도의 나이라면 정신이 혼미할 것이다. 참고로 幼(유)는 10세, 弱(약)은 20세, 壯(장)은 30세, 强(강)은 40세, 艾(애)는 50세, 耆(기)는 60세, 老(노)는 70세, 耄(모)는 80~90세, 期(기)는 100세를 가리킨다.

43) 性無消遣(성무소견): 性(성)은 자신의 성품을 가리킨다. 消遣(소견)은 消遣法(소견법)을 줄인 말이다. 따라서 이 구절은 공 자신의 성품에는 마음을 붙이어 인생 말년의 세월을 보내는 방법으로 (활 이외에는 별다른) 방법이 없다는 뜻이다.

44) 潛居抱道(잠거포도): 潛居(잠거)는 남몰래 숨어 있다는 뜻으로 흔히 사용되나, 여기서는 '(마음을) 가라앉히고(潛) 앉아서(居)'라는 뜻으로 사용되었다. 抱道(포도)는 '(올바른) 도리를 품고', '(올바른) 이치로'라는 뜻이다. 따라서 이 구절은 '마음을 가라앉히고 앉아서 바른 이치로'라는 부사구(副詞句)로 쓰였다.

45) 以前素射者(이전소사자): '이전에 헛되이 활쏘기를 한 것을'이라는 뜻으로 바로 뒤에 나오는 타동사구 內顧(내고)의

도치된 빈어(목적어)이다. 素의 훈음은 '부질없을(헛될) 소'
이다.
46) **毒藥苦口**(독약고구): 이하로 이어지는 利於病(이어병), 忠
言逆耳(충언역이) 利於行(이어행)은 『공자가어(孔子家語)』
「육본 편(六本篇)」에 있는 "良藥苦於口(양약고어구)나 而
利於病(이리어병)이요, 忠言逆於耳(충언역어이)나 而利於
行(이리어행이라)"라는 구절이 출전이다.

10 일찍이 경인년에 활과 화살을 들고 스승님을 찾아뵈니, 스승님께서 내가 찾아온 까닭을 물으셨다. 내가 대답하기를 "활쏘기 때문입니다"라고 말하고, 내가 활 쏘는 모습을 보여 드렸다. 스승님께서 보시고 놀라 탄식하시며, "제대로 된 것이 보이지 않는구나. 이를 어찌해야 좋겠느냐?"라고 하시고, 나에게 말씀하시기를, '굽은 것을 곧게 하고 허약한 것을 견실하게 함'에 대해 논해 보라 하셨다.

曾於庚寅(증어경인)에 持其弓箭(지기궁전)하고 見於師爺之筵(현어사야지연)하니, 師爺問其故(사야문기고)어시늘, 對曰(대왈) "由所射故矣(유소사고의)로소이다" 하고, 遂示以射之(수시이사지)하니, 師爺驚而歎曰(사야경이탄왈) "無所可觀(무소가관)이니 何以爲之解矣(하이위지해의)리오?" 하시고, 使我論之(사아논지)하시되, '以曲爲直(이곡위직)과 以孤爲篤(기고위독)'하시고,

47) **庚寅(경인)**: 공께서 23세 되던 순조 30년(서기 1830년)이다. 금군(장용영)에 별무사로 발탁된 지 3년이 지난 해인데, 아마도 공께서는 봄·가을 두 차례 열리던 도시(都試)를 한 달여 앞둔 시점에서 시험을 위해 스승님을 찾아뵌 것으로 보인다. 도시는 별무사에게 열려 있었고, 도시에서 장원을 할 경우 무과의 초시와 복시를 거치지 않고 곧바로 전시에 응시토록 하였다. 전시는 순위만 결정하여 임용하는 시험이었으므로, 도시는 별무사들이 관직으로 나가는 유리한 관문이 된다.

48) **師爺之筵(사야지연)**: '스승님의 연회'라는 뜻으로 아마도 회갑 잔치 등 생신이 아니었을까 생각된다.

49) **由所射故(유소사고)**: '쏘아야 할 바 때문입니다'라는 뜻으로, 공이 도시(都試)에 응시하기 위해 남은 기간을 어떻게 연습해야 좋을지 스승께 질문하기 위해 온 것임을 밝힌 것이다.

50) **使我論之(사아논지)**: 스승님이 공에게 사론 가운데 以曲爲直(이곡위직)과 以孤爲篤(이고위독)에 대해 설명해 보라고 하셨다는 말씀이다.

51) **以曲爲直(이곡위직)**: 스승님이 공에게 논해 보라고 하신 첫 번째 '굽은 것을 곧게 함'이라는 주제이다. 즉 잘못된(曲) 자세와 동작을 올바르게(直) 하는 것에 대한 질문이다.

52) **以孤爲篤(이고위독)**: 스승님이 공에게 논해 보라고 하신 두 번째 '허약한 것을 견실하게 함'이라는 주제이다. 篤(독)

은 모든 자세와 동작이 서로 관련성을 가지면서 충실한 것을 가리키고, 孤(고)는 모든 자세와 동작이 따로 놀면서 허약한 것을 가리킨다. 『정사론』의 본문에서도 이 孤(고)와 篤(독)이라는 단어가 독특한 사예 용어로 채택되어 사용되고 있다.

11 (그리고는 또 말씀하시기를) "자네는 되풀이 훈련을 해야 하겠다. 궁후로 연습하면 보름이면 되겠고, 목호로 하면 한 달이면 되겠다. 두 가지 활 가운데 어느 활로 연습하겠는가?"라고 하셨다. 내가 대답하기를 "하나는 보름이면 되고 하나는 한 달에 된다면, 보름에 될 수 있는 것을 선택하겠습니다"라고 하였다.

"君當覆試(군당복시)로 弓後(궁후)는 至限一望(지한일망)이요, 若試木弧(약시목호)면 限(한)이 至一月也(지일월야)니, 於兩(어양)에 何所試(하소시)아?" 하시니, 對曰(대왈) "其一定望(기일정망)하고 其一期月(기일기월)이면, 請爲一望也(청위일망야)하리이다" 하니라.

> 53) 覆試(복시): '되풀이하여 익히다(훈련하다)'라는 뜻이다. 단순히 반복적으로 훈련한다는 뜻을 넘어서, 현재의 자세와 동작에 잘못된 점을 고치고 보완하여 올바르게 되돌린다(覆)는 의미까지 포함하고 있다.

54) 木弧(목호): 글자 그대로 나무활인데, 『정사론』에서 활을 처음 배우는 궁사들에게 적극 권하는 연한 나무활 궁후(弓後)보다는 좀 더 세고 탄력도 좋지만, 오호(烏號)에 비해서는 탄력이 떨어지는 활일 것이다.

12 스승님께서는 술자리를 마련하시고, (나는 스승님께) 나아가 절하며 명을 받았다. 그러나 이를 배반하고 따르지 않았으니, (그 결과가 어떤지는) 물어볼 필요조차 없다. 나의 활쏘기가 훌륭하지 못해 그런 것이니, 실로 애석해할 것은 없다. 그러나 스승님의 (한마디) 명을 따르지 않은 결과가 어찌 이와 같을 수가 있단 말인가?

師爺(사야) 置酒(치주)하시고 卽拜受命(즉배수명)이러나, 背而不遵(배이부준)하니 不足可問(부족가문)이로다. 然(연)이나 吾射(오사)가 不善(불선)하니 固無足惜約(고무족석약)이로되, 而不遵(이부준)이 寧容若是乎(영용약시호)아?

55) 卽拜受命(즉배수명): 나아가 절하고 명을 받다. 卽의 훈음은 '나아갈 즉'이다.
56) 背而不遵(배이부준): 스승님께 말씀드린 바를 따르지 않았다는 말씀이다.
57) 不足可問(부족가문): 그 결과가 어떤지 물을 필요가 없다는 뜻으로, 도시(都試)에서 장원(수석)을 하지 못했음을 가

리킨다. 이때 장원을 했더라면 23세의 나이에 관직에 나갈 수 있었을 것이다. 그러나 공이 이에 실패함으로써, 이후 17년이 지난 정미년(1857년) 40세가 되어서야 무과에 급제하게 된다.
58) 寧容若是(영용): '어찌 이와 같이 될 수 있단 말인가?'라는 탄식이다.

13 처음에는 어떤 마음으로 어떻게 묻게 되었으며, 다음에는 어떤 마음으로 어떻게 배반하게 되었는가? 처음 묻던 때는 어떤 마음이었으며, 이후에 배반할 때는 어떤 마음이었던가? 이는 병에 대해 물었는데 쓴 약을 처방받아 먹기 싫어한 것과 같다. (스승님께) 질문을 하고도 들은 대로 행하지 않은 것은 나무활로 연습하라는 게 귀에 거슬렸기 때문이다. 우리나라의 제현들은 나의 이 같은 일을 경계하여 명심하기 바란다.

初(초)는 何心(하심)으로 而何所問(이하소문)이며, 再(재)는 何心(하심)으로 而何所脊(이하소척)인고? 初(초)는 何心(하심)이며 再(재)는 何心(하심)인고? 如問病之苦藥(여문병지고약)이니, 問所問而不聽(문소문이불청)은 木弧之逆耳故也(목호지역이고야)니라. 以吾鄕之諸賢(이오향지제현)은 懲斯銘心哉(징사명심재)인저!

59) **何所脊**(하소척): '어떻게 하여 등진(배반한) 바가 되었는가?'라는 뜻이다.
60) **問所問而不聽**(문소문이불청): 질문을 할 때는 그 대답을 따르려고 마음을 먹었지만, 막상 대답을 듣고는 받아들일 수가 없어서 결국 질문한 바를 듣지 않은 것과 같이 되었다는 뜻이다. 그 이유가 다음 구절에서 설명된다.
61) **木弧之逆耳故也**(목호지역이고야): '나무활이 귀를 거슬리게 한 까닭이다'라고 직역된다. 스승님이 추천한 궁후와 목호는 모두 나무활이다. 이미 금군에서 정량궁으로 철전을 쏘았고, 각궁으로 유엽전도 쏘았는데, 자세가 망가졌다고 나무활로 중요한 시험을 대비하라는 말씀은 선뜻 받아들이기가 어려웠을 것이다. 초보들이 연습하는 약하고 성능도 안 좋은 나무활로 중요한 시험을 대비하라 하시니, 사실상 먹기 싫은 쓴 약을 처방받은 것과 같았을 것이다.

14 바야흐로 62살에 이르러 희미하나마 깨달음이 있어, (그 깨달은 바를) 목호궁으로 여덟 달을 연습해 보고 다시 오호궁으로 연습해 보니, 과연 이루어진 바가 전보다 2배나 나은 것 같았다. 마른 나무에 꽃이 피고 병든 늙은이가 회춘을 한 것 같다. 그러나 이제 65살이나 되었으니, 또다시 무엇을 구하겠는가? 다만 마음을 붙여 세월 보내는 (별다른) 방법이 없는 것 같으니, 이렇게 활을 논하며 남은 생애를 보낼 뿐이다.

◎『정사론』에는 정량궁으로 철전을 쏘는 사법만 설명되어 있는 것이 아니라, 목궁(나무활)의 사법도 아울러 망라하고 있음도 유념해야 한다. 『정사론』의 본문 도처에 정궁이 아닌 궁후와 오호를 많이 언급하고 있다.

時在六旬有二(시재육순유이)에 恍然覺出(황연각출)하여, 玆以木弧(자이목호)로 試之八晦(시지팔회)하고 覆試烏號(복시오호)하니, 則果如有成而倍勝於前(즉과어유성이배승어전)이라. 古木生花(고목생화)하고 老病回春然(노병회춘연)이로되, 今旣六十有五矣(금기육십유오의)니 何所求焉(하소구언)이리오? 只在消遣之法(지재소견지법)이 似無(사무)하니 如斯之當然(여사지당연)이라.

62) 木弧(목호): 글자 그대로 나무활인데, 『정사론』에서 활을 처음 배우는 궁사들에게 적극 권하는 연한 나무활 궁후(弓後)보다는 좀 더 세고 탄력도 좋지만, 오호(烏號)에 비해서는 탄력이 떨어지는 활일 것이다.
63) 試之八晦(시지팔회): 여덟 달을 연습해 보다. 晦(회)는 한 달의 마지막인 그믐이다. 그믐이 여덟 번이면 곧 여덟 달이다.
64) 覆試烏號(복시오호): 목호궁으로 여덟 달을 연습해 본 다음, 오호궁을 가지고 똑같은 방법으로 사법을 연습해 본 것을 가리킨다. 오호궁은 탄력이 좋은 활로 각궁으로 추측된

다. 병사들은 거의 가질 수가 없는 것이었다고 보인다.
65) 消遣之法(소견지법): 마음을 붙이어 세월을 보내는 방법이다.
66) 如斯之當然(여사지당연): 이렇게 하는 것이 (마음을 붙이어 여생을 보내는 방법으로) 마땅하다는 뜻이다.

15 만약 10년 전이었다면 벽돌 같던 (나의 활쏘기가) 황금처럼 되었을 것이요, 30년 전이었다면 황금 같던 (나의 활쏘기가) 흙처럼 되지 않았을 것이다. 이제 와서 탄식한들 무슨 소용이 있겠는가? 이제 전날의 잘못을 깨달아 이전 활쏘기의 후회되는 일로 나의 후학들을 돌아보게 되었다. 나의 그릇된 것이 다른 사람들의 활쏘기에도 있으리라 생각하고 (이 글을 지었으니), 이는 모든 군자들 또한 (나처럼) 허망하게 후회하는 일이 없게 하려 함이다.

◎ 이로써 『정사론』이 발문까지 끝난다. 일평생 활 공부를 하시고, 마지막 깨달은 바를 구구절절 간절한 마음으로 후학에게 남겨 주신 공의 마음에 깊은 감동을 느끼며 공께 거듭 깊은 존경을 표한다.

若今十年之前(약금십년지전)이면 甓必爲金(벽필위금)이요, 若今三十年之前(약금삼십년지전)이면 金不爲土(금불위토)니, 可歎奈何(가탄내하)오? 今曉昨愆(금효작건)하여

以前射後悔之事(이전사후회지사)로 顧余後學(고여후학)하고, 而以己吾之非(이이기오지비)로 度他人之射(탁타인지사)하여, 與諸君子(여제군자)로 亦爲欲須勿妄以後悔者也(역위욕수물망이후회자야)니라.

67) 十年之前(십년지전): 공께서 심하게 활병을 겪으시던 50대 초중반을 가리킨다. 공의 활 평생에서 가장 어렵던 때이다. 변방의 첨절제사(유원진 첨사)로 가실 무렵이다.
68) 三十年之前(삼십년지전): 40세에 가까운 공의 30대 말년을 가리킨다. 이때 공의 활 실력이 탁월하여 40세에 드디어 도시(都試)에서 장원하고 무과에 급제하게 된다. 공의 활 평생에서 가장 빛나던 때이다.
69) 今曉昨愆(금효작건): 이제 지난날의 잘못을 깨달음. 曉의 훈음은 '깨달을 효'이다.
70) 度他人之射(탁타인지사): 다른 사람의 활쏘기를 헤아리다.

2부

정사론의 사법에 대하여

휘송 이윤치(단양 대성정 고문)

　『정사론』은 정사법(正射法)에 관한 논(論)이며, 바른 몸자세를 통해 마음을 바르게 하는 사법을 논한 것으로, 이 사법에 우리 선조의 무예 정신과 사예 철학이 담겨 있다. 이제 활쏘기가 더 이상 무예가 아닌 스포츠가 된 오늘날에도 우리 활을 쏘는 궁사들이 깊이 생각해 볼 내용들이 『정사론』 안에 수없이 들어 있다. 선조의 혼이 깃든 우리 활을 쏜다면, 선조들이 쏘았던 바로 그 전통 사법인 정사법을 익혀서 그 안에 담긴 우리 활의 정신을 계승하는 것도 의미 있는 일일 것이다.

들어가는 말

 필자와 백산 안대영 본정(단양 대성정) 고문은 오랜 세월 국궁으로 인연을 맺어 왔다. 백산 고문은 근래에 여러 가지 자세와 동작으로 활을 쏘았다. 자세와 동작을 날마다 달마다 달리하면서 과녁 맞히는 것에는 별로 관심이 없는 듯 활을 내었다. 필자는 이를 의아하게 여겼는데 필자에게 청교 장언식 공이 쓰신 『정사론』을 번역·주해하였다고 하며, 번역·주해한 내용을 바탕으로 『정사론』 사법에 대한 총괄 해설을 부탁하였을 때 그 이유를 짐작하게 되었다.
 우리 활 쏘기의 자세와 동작은 한둘이 아니다. 그러나 어느 하나를 찍어서 올바른 사법이라 단정하고 나머지를 배격하는 것은 많은 문제를 일으킨다. 그렇다고 바람직한 우리 활의 사법이 존재하지 않는 것은 아니다. 우리 활에는 우리의 문화가 녹아 있으므로 양궁을 비롯한 다른 민족의 사법과 구별되는 전통 사법이 분명히 존재한다. 그런 의미에서 조선 말 청교 장언식 공이 쓰신 정사론은 매우 귀중한 우리 전통 사법의 자산이다.
 그러나 청교 장언식 공이 쓰신 『정사론』은 한문으로 되어 있어 이해하기가 쉽지 않다. 이제 백산 고문의 자세한 『정사론』 번역·주해가 나왔으므로, 우리 민족의 가장 위대한 사법서인 『정사론』을 이해하는 데 어려움이 없게 되었다. 필자는 백산 고문과 오랜 세월 동안 사법에 관해 많은 토론을 하였고, 사법에 대한 견해도 일치하는 까닭에 부탁을 사양하지 못하고 이 글을 쓴다.

『정사론』의 사론 범위

흔히 『정사론』을 철전 쏘는 사법에 관해 논한 책이라고 간단하게 말하기도 하지만 그보다 범위가 넓다. '정사론'은 문자 그대로 '올바른 활쏘기를 논함'이라는 뜻도 되고, '정사법에 대해 논함'이라는 뜻도 된다. 오늘날 궁사들이야 시수를 잘 나게 하는 사법에 관심이 많이 가겠지만, 『정사론』을 쓰신 청교 장언식 공의 저술 의도는 시수를 내는 사법에만 있는 것이 아니고 내용도 사법에 관한 것만 있지도 않다.

첫째, 『정사론』에는 나라를 지키고 구하려는 충정이 있다. 공께서 『정사론』을 지으신 해는 병인양요(1866년)가 일어난 지 불과 6년이 지난 해(1872년)이다. 당시는 서구 열강인 영국이 아편전쟁을 통해 이미 중국을 굴복시킨 후였으며, 조선도 열강의 세력 앞에 위기를 맞이하고 있었다. 공은 활쏘기를 통해 훌륭한 무관을 배출하여 나라를 지키려는 충심이 있었는데, 이는 나라를 지키고 구하는 간성을 기르기 위해 활쏘기가 필요하며, 활쏘기로 나라의 간성이 될 자들을 알아볼 수 있다고 보셨기 때문이다. 이 내용이 본문에 여러 차례 나온다. 이 점을 간과해서는 안 될 것이다.

다음으로 올바른 몸자세로 활을 쏘면서 그 바른 몸자세를 통해 마음을 바르게 하는 것이 활쏘기라고 수없이 강조하고 있다. 이 또한 올바른 마음을 가진 자만이 나라를 위해 헌신할 수 있다고 생각하셨기 때문이다. 오늘날 우리 활터의 사정을 보자면, 활의 예(禮)도 모르고 악(樂)도 모르고 절주도 모르면서 오로지 과녁 맞히는 데만 골몰하는 사람들도 없지는 않다. 그러나 우리 활쏘기는 오늘날 기록을 내는 스포츠 경기 종목이기도 하지만, 전통의 정신을 이어 가며 심신을 수련하는 기능도 결코 사라지지 않았다. 그러므로 궁사는 궁도구계훈을 지켜야 하고, 특히 사우에 대한 무례와 상식 밖의 행동, 독선과 아집으로 활터의 분위기를 해치는 행동을 해서는 안 된다.

마지막으로 『정사론』에서 다루는 사법은 결코 정궁에 철전 쏘기만이 아니다. 연한 나무활인 궁후와 탄력이 좋은 활 오호로 유엽전을 쏘는 사법까지 모두 망라되어 있다. 다만 정궁으로 철전 쏘는 원칙을 모든 활쏘기의 원칙으로 삼았을 따름이다. 공께서 발문에 밝히셨듯이, 62세에 이르러 사법에 대해 깨달은 바를 연한 나무활로 8개월 연습하고 다시 각궁으로 추정되는 오호로 몇 달을 시험해 검증하신 다음 이 『정사론』을 쓰신 것이니, 결코 『정사론』의 사법이 철전의 사법이라고만 보아서는 안 된다. 따라서 유엽전의 사법을 이은 오늘날 활쏘기에 이 『정사론』이야말로 가장 훌륭한 지침서라 할 수 있다.

사법의 구분과 자세 및 동작

1) 사법의 구분 – 정사법과 측사법

위에서 말한 바와 같이 '정사론(正射論)'은 말 그대로 '올바른 활쏘기에 대한 논문'이라는 뜻도 되지만 '정사법에 관한 논문'이라는 뜻도 된다. 정사법(正射法)이란 몸통과 얼굴을 과녁 정면으로 대하여 높은 거궁 자세를 취하는 우리 활의 전통 사법을 말한다. 『정사론』은 이러한 우리의 전통 사법에 대하여 명쾌한 이론으로 자세하게 설명한다. 정사법과 대비되는 측사법(側射法)의 전형적 자세는 몸통을 과녁과 빗겨 대하고 낮은 거궁에서 앞 팔을 미리 쭉 펴고 시위를 직선으로 당기는 방법이다. 중국과 양궁의 사법이 이 측사법이며, 오늘날 많은 국궁 궁사들이 행하는 방법도 측사법인데, 이 측사법은 우리 활의 전통 사법이 아니다. 사법의 구분에서 가장 기본적인 구분이 정사법과 측사법이다. 이를 토대로 자세와 동작에 따라 세부적인 사법으로도 나누어진다.

2) 활쏘기의 자세 및 동작

따라서 사법을 논하려면 우선 활쏘기의 자세와 동작을 구분해야 될 것이다. 물론 이 구분은 사법을 연구하는 학자에 따라 다를 수 있다. 여기서는 활을 쏘는 과정, 즉 시간의 순서에 따라 자세를 '서는 자세', '거궁 자세', '만개 자세'의 3개 자세로 나누고, 동작도 '거궁 동작', '개궁 동작', '발시 동작', '수궁 동작'의 4개 동작으로 나눈다.

사대에 서서 줌손에 활을 잡고 깍지손은 자연스럽게 허벅지 옆에 내리고 과녁을 향해 서는 몸자세를 '서는 자세'로 규정한다. 여기서 화살을 시위에 걸고 깍지로 시위를 붙잡은 다음 활을 들어올려 당기기 직전의 상태로 만드는 과정을 '거궁 동작'으로 규정하고, 거궁 동작이 완료된 상태를 '거궁 자세'라고 규정한다. '개궁 동작'은 거궁 자세에서 활을 당기기 시작하여 활을 가득 당긴 상태까지의 동작으로, '만개 자세'는 가득 당겨진 상태를 가리킨다. 흔히 말하는 궁체는 거궁 자세와 만개 자세의 2가지 자세로 규정한다.

발시 동작은 만개 자세에서 깍지를 떼는 동작인데, 이는 밖으로 보이지 않는 내적 동작으로 기운과 힘을 운용하는 동작이다. 가만히 있는 것이 아니고 의도적으로 기운과 힘을 운용하는 것이므로 다른 사람의 눈에는 보이지 않을지라도 동작으로 본다.

발시 직후에 잔신 현상(殘身現像)이 나타난다. 백산 고문과 필자는 활쏘기의 모든 자세와 동작은 의도성을 가진 것이라 보기 때문에 발시 직후에 나타나는 팔과 손, 활장의 움직임인 잔신 현상은 활쏘기의 자세나 동작에 포함시키지 않는다. 말 그대로 자세와 동작 나머지의 몸 현상이기 때문이다.

'수궁 동작'은 잔신 현상이 끝난 다음 활을 내리는 동작이다. 잔신 현상은 깍지가 떨어진 직후에 줌손과 활장이 한 획을 그리며 멈춘 곳까지인 '줌손 잔신'과 깍지가 떨어진 직후 깍지손이 한 획에서 멈추거나 한 획의 여력이 사라진 곳까지의 '깍지손 잔신'으로 나눈다.

따라서 이 구간 이후에 활을 내리는 동작이 수궁 동작이다. 만약 깍지를 뗀 깍지손이 단 한 획을 그으며 여력을 잃지 않고 다리까지 모두 내려가고, 줌손도 활과 함께 모두 다리로 내려가서 '서는 자세'까지 곧바로 도달한다면 수궁 동작은 없다고 본다. 깍지를 뗀 이후의 양팔 움직임이 모두 잔신 현상이 되었기 때문이다.

『정사론』 사법에서 자세와 동작을 포함해 가장 중요시하는 것은 바로 거궁 자세이고, 그다음이 개궁 동작이다. 따라서 가장 많이 설명하고 강조한 것도 거궁 자세이고 그다음이 개궁 동작이다. 그 외에 몸자세에 대해서도 많이 강조하였는데, 수궁 동작과 잔신 현상에 대해서는 언급조차 없다. 활쏘기는 사실상 거궁 자세에서 만개 자세로 이르게 하는 것이 핵심이며, 만개 자세에서 정밀하게 깍지를 떼는 것으로 사실상 활쏘기가 종료되기 때문이다.

따라서 활쏘기의 핵심 자세와 동작은 거궁 자세와 개궁 동작 이렇게 2가지라고 할 수 있다. 발시 동작은 외면으로 보이지 않는 내적 기운의 사용법이므로 완전한 의미에서의 동작이라 보기가 어렵다. 이리하여 『정사론』에서 거궁 자세와 개궁 동작을 왜 그렇게 강조하였는지, 잔신 현상과 수궁 동작은 왜 전혀 언급이 없는지 이해할 수 있을 것이다.

『정사론』의 핵심 자세 거궁법

위에서 언급한 바와 같이 『정사론』은 거궁 자세를 가장 중요시한다. 올바른 거궁 자세가 되어야 올바른 개궁 동작이 이루어지기 때문이다. 『정사론』의 거궁 자세를 정리하면 다음과 같다. 먼저 발의 모양은 범례에서 간단히 언급한 대로 비정비팔(非丁非八)이고, 몸은 다리에서 허리, 척추, 갈비뼈, 견갑골, 목, 머리까지 구부러짐이 없이 일직선으로 곧게 서서 과녁을 정면으로 대해야 한다. 이때 목은 높여서 똑바로 하고 머리는 곧추세워 바르게 하며, 양 눈과 코가 과녁을 정면으로 대하게 한다.

이와 같은 기본 몸자세에서 앞뒤 팔을 동시에 높이 들어(同擧: 동거) 양손을 머리 위까지 올린다. 그 상태에서 양쪽 겨드랑이는 힘을 주지 말고 자연스럽게 넓힌다. 이렇게 하면 양팔의 이어진 모양이 마치 머리 위에서 하늘을 가로지른 것처럼 된다(橫天: 횡천). 이 상태에서 깍지손의 팔을 직각이 되게 구부리고, 앞 팔은 완전히 동그란 동그라미가 되게 하면 거궁 자세가 완성된다. 이 거궁 자세에서 앞 팔의 모양을 규(規: 그림쇠)라고 하고, 뒤 팔의 모양을 구(矩: 곱자)라고 한다. 자세한 내용은 『정사론』의 본문에 매우 자세하게 설명되어 있으므로 숙독하여 익히기 바란다. 사실 이 자세는 어렵지 않고 쉽지만 이를 가볍게 여기기 쉽다. 그러나 가장 중요한 것이 바로 이 거궁 자세이다. 이 거궁 자세를 올바로 하지 아니하면 그다음은 볼 것도 없다. 이 거궁 자세가 궁체의 근본이요 핵심이기 때문이다.

『정사론』의 핵심 동작 개궁법

　『정사론』의 개궁법은 밀고 당김을 동시에 하는 것이다. 이를 『정사론』 특유의 용어로 履(리)라고 한다. 즉 앞 팔을 미리 쭉 뻗어 놓고 뒤 팔만 당기는 것이 아니라는 뜻이다. 올바로 된 높은 거궁 자세에서 앞 팔을 들어 올리며 굳건하게 밀고, 동시에 뒤 팔을 내리 누르며 충실하게 붙잡아 당기는 것이다. 이때 앞 팔의 동작을 전거(前擧)라고 하며, 앞 팔이 움직이는 경로가 지구의 경도선을 그리는 것처럼 아래로 내려와 이를 날줄(經: 경)이라 한다. 또한 이때 뒤 팔의 동작은 후집(後執)이라 하며, 그 움직이는 경로가 지구의 위도선을 그리는 것처럼 뒤를 향하여 회전하면서 이동하므로 씨줄(緯: 위)이라고 한다. 청교 공께서는 이 개궁 동작의 앞 팔과 뒤 팔 경로를 베의 날줄과 씨줄로 설명하면서 활을 여는 것을 베를 짜는 것에 비유하여 작포(作布)라고 하셨다.
　이 개궁 동작은 거궁한 상태에서 양팔에서 먼저 힘을 구하려고 하지 않고 뼈마디에서 힘을 구하는 것이다. 활을 가득 열 때 힘의 사용법은 밀어 나가는 앞 팔의 굳건함은 뒤 팔의 당김에서 오게 하고, 당기는 뒤 팔의 충실함은 앞 팔의 미는 힘에 의해 이루어지게 한다. 이와 같은 전거(前擧)와 후집(後執)을 아울러서 법(法)이라고 한다. 또한 활을 밀고 당길 때 앞 팔과 뒤 팔의 힘이 어느 한 순간이라도 한쪽으로 기울게 해서는 안 된다. 또 한 가지 중요한 점은 힘을 쓰기 전에 먼저 힘의 조짐을 살피는 것이다. 힘의 조짐을 살펴야 온몸이 제 할 일을 하게 된다.

이 개궁법 역시 『정사론』의 본문에 수없이 설명되어 있으므로 숙독하면서 익히기 바란다. 이 개궁법은 몸통의 회전력을 견갑골의 오두에서 직선의 힘으로 바꾸어 활을 동시에 밀고 당기면서 (履: 리) 개궁하는 추사전신(推射轉身)의 법식을 사용하는데, 이 추사전신의 법식은 개궁이 완료된 이후 발시의 순간까지도 계속 이어지고, 최후에는 잔신 현상으로까지 표현된다.

『정사론』의 발시법

『정사론』의 발시법과 관련된 원문은 3곳에서 찾아볼 수 있다. 첫 번째로는 제8편 2문단에 다음과 같이 추사전신(推射轉身)에 관한 문장이 있다.

> "활을 밀고 당길 때의 기세가 전거와 후집이 되고 있는지 알며, 기회를 보아 발시하되, (골절의) 순차적 길을 따라 만작한 다음, 실수 없이 온몸의 힘으로 활을 밀고 당기면서 쏘면, 화살이 무궁하게 날아가 천보에도 이른다."

여기서 '온몸의 힘으로 활을 밀고 당기면서 쏘면'이라는 부분의 원문이 推射轉身(추사전신)이다. 추사전신은 몸통을 회전시키는 힘으로 깍지손을 당기면서 동시에 줌손도 미는 방법이다. 즉 몸의 회전력을 이용하여 활을 열 때부터 시작되는 법식이 발시의 순간에서도 이어지는 것인데, 몸의 회전력은 어깨의 오두에 이르러 직선힘으로 바뀌어 앞뒤의 양팔에 동시에 전달되면서 활이 열리게 된다.

이때 앞 팔의 동작을 '전거'라 하고 뒤 팔의 동작을 '후집'이라 한다. 전거와 후집이 동시에 이루어져 활이 가득 열리면 조준을 하고 깍지를 떼게 되는데, 이때도 활을 열 때와 똑같은 추사전신의 법식으로 활을 밀고 당김을 동시에 하면서 발시를 하게 된다. 즉 활을 열기 시작할 때의 전거와 후집에 이용된 추사전신의 기세가 발시까지 연결되는 것이다.

다음으로는 14편 7문단에 있는 글이다.

> "(이 상태에서 활을 열 때) 앞 팔은 먼저 힘을 쓰려 하지 말 것이며, 뒤 팔은 (앞 팔의 미는 힘에 응하여) 다함없이 충실하게 붙잡아 당기면, 자연스럽게 (양팔이 동시에) 충실하게 되어 전거후집이라는 (개궁법)이 이루어진다. (그렇게 한 다음 앞뒤의 손을) 동시에 빨래 짜듯 짜면, 깍지는 저절로 떼어지며 시위는 썩은 줄 끊어지듯 떨어져 나갈 것이다."

여기서 '앞뒤의 손을 동시에 빨래 짜듯 짜면'이라는 구절의 원문이 同竝相織(동병상직)이다. 추사전신의 법식으로 전거후집의 기세가 살아 있는 상황에서 양손을 빨래 짜듯 짜면 깍지는 저절로 떨어지게 된다. 여기서도 알 수 있듯이 전거와 후집은 조금도 기울어짐이 없는 앞뒤 손의 균형이다. 흔히 50대 50이라는 말을 하는데, 억지로가 아니라 저절로 되게 하는 것이 추사전신의 법식이다.

마지막으로, 21편 11문단에 있는 글이다.

> "줌손을 들어 미는 힘과 비교하여 깍지손을 붙잡아 당기는 기세가 충분하게 있으면 그 기세에 의거하여 줌손으로는 줌통을

부러뜨리고 깍지손으로는 시위를 끊어 버리듯, 다만 그렇게 (기운을) 쓰기만 하면 된다. 이렇게 하면 줌손 하삼지 아귀의 묘한 이치가 자연스럽게 펼쳐져서 줌손 하삼지의 아귀가 살아나고 깍지손 두 손가락 끝도 살아나서 깍지를 떼는 법식이 저절로 이루어진다. 이와 같은 것을 전거(前擧)라 하고, 후집(後執)이라고 한다."

이 문단에서 '줌손으로는 줌통을 부러뜨리고 깍지손으로는 시위를 끊어 버리듯'이라는 구절의 원문이 "折弝絶弦(절파절현)"이다. 추사전신을 통해 제대로 된 전거후집의 상황에서 동병상직과 함께 절파절현의 법식으로 힘을 쓰면 깍지가 저절로 올바르게 떨어진다는 말씀이다.

이상의 『정사론』 발시법을 요약한다면, ① 만작을 해서도 그간 이어 온 전거후집의 기세인 추사전신 기세를 계속 유지하며, ② 그 추사전신 기세에 의거하여 동병상직을 하며, ③ 절파절현의 법식으로 마지막 힘을 쓰는 것이다. 이로써 『정사론』의 발시법을 부족함이 없이 알 수 있을 것이다. 여기서 절파절현이라는 말을 깊이 생각하고 이해하여야 한다. 참으로 묘한 말이며 아귀의 비밀이 여기에 있기 때문이다.

사법에서 발시법을 말하다 보면 잔신 현상을 말하지 않기 어렵다. 깍지가 떨어진 직후의 줌손과 활장, 깍지손의 움직임을 잔신 현상이라고 한다. 잔신 현상은 사람마다 다르고 유형도 매우 많다. 잔신 현상은 발시 직전 기운의 방향과 힘의 운용에 따라 저절로 그렇게 되는 것이므로 잔신 현상을 의도적으로 흉내 내려 하거나 일부로 그렇게 만들려 하면 안 된다.

  활쏘기의 모든 자세와 동작을 올바르게 하고, 발시 직전 기운의 방향과 용력법을 사법에 맞게 하도록 노력하는 것이 활쏘기의 근본을 충실히 하는 것이다. 그렇게 하면 그에 따른 올바르고 보기 좋은 잔신 현상은 저절로 나타날 것이다. 잔신 현상은 비록 의도적으로 행하는 활쏘기의 자세나 동작은 아니지만 내적 기운과 힘의 운용이 여실하게 밖으로 드러나는 것이므로 궁사의 운기법과 용력법을 판단하고 지도하는 데 중요한 의미를 가지기도 한다.

『정사론』의 기타 몸자세와 동작

　『정사론』은 활이 실제 무기로 사용되던 시기에 무과에 급제하여 최고위직 무관에 도달한 장언식 장군이 65세인 1872년에 직접 집필한 책이다. 1929년 일제 강점기에 발간된『조선의 궁술』보다 57년 전이다. 장언식 장군은 17세에 활을 시작했으므로『조선의 궁술』이 발간되던 해보다 실제로 100년 전에 활을 쏘던 분이었다. 우리 활을 쏘는 국궁계에서는『정사론』이 발견되기 전까지 사법의 표준을 오로지 일제 강점기에 발간된『조선의 궁술』에 두었다. 즉『조선의 궁술』은 90년간 우리 활 쏘기의 교범이 된 책이다. 그런데 뒤늦게『조선의 궁술』보다 선대(先代)의 사법서인『정사론』이 발견되면서『조선의 궁술』이 그 이전의 전통 사법을 분명하게 잇고 있다는 결정적 증거를 갖게 되었다. 그동안『조선의 궁술』을 우리의 전통 사법으로 알고 올곧게 활을 쏘았던 궁사들이 옳았다는 판단을 더욱 확실하게 할 수 있게 되는 대목이다.

　무엇보다 중요한 점은『정사론』이든『조선의 궁술』이든 측사법(側射法)이 아닌 정사법(正射法)이라는 점이다. 즉 몸과 얼굴을 과녁에 대해 빗겨 서지 않고 바로 대하는 것이다. 그리하여 이 책의 이름도 '측사론'이 아닌 '정사론'이다. 높은 거궁 자세를 기본으로 하는 것도『정사론』과『조선의 궁술』이 같다. 이렇게 정사법으로 높은 거궁 자세를 한다면 나머지 모든 동작들은 저절로 같은 유형이 될 수밖에 없으므로, 결국 『정사론』의 사법과 『조선의 궁술』 사법은 원칙적으로 같을 수밖에 없다.

따라서 이 절에서는 『정사론』의 기타 몸자세를 그동안 우리에게 익숙하였던 『조선의 궁술』 자세와 비교하는 방식으로 정리하고자 한다. 이런 방식을 취하는 이유는 우리에게 이미 익숙한 『조선의 궁술』 자세와 비교하여 『정사론』의 자세를 설명하는 것이 이해하기에 편하며, 또한 지금까지 우리 사법의 표준이었던 『조선의 궁술』 사법이 그보다 57년 전 조선 최고위급 무관이 저술한 『정사론』의 사법과 다름이 없다는 점을 밝혀 줄 수도 있기 때문이다. 또한 『정사론』과 『조선의 궁술』에서 가르치는 정사법(正射法)이 곧 우리 활의 전통 사법이고, 오늘날 주류가 되다시피 한 낮은 거궁에 과녁을 빗겨 대하고 직선으로 당기는 측사법은 우리 활의 전통 사법이 아님도 명백히 알 수 있게 하기 때문이다.

1) 서는 자세

서는 자세는 거궁을 하기 직전에 몸을 바르게 한 자세를 가리킨다. 이 자세에서 거궁 동작이 시작된다.

① 몸 자세

『조선의 궁술』에서는 몸은 직수 형태로 서서 관혁과 정면으로 향하여야 한다고 하였고, 『정사론』에서는 몸과 얼굴과 눈과 코가 과녁을 정면으로 대하여야 한다고 하였다. 모두 정사법(正射法)

의 기본 자세를 설명한 것으로 다름이 없다.

② 발 자세
『조선의 궁술』과 『정사론』 모두 발의 모양을 비정비팔(非丁非八)로 설명하고 있다. 몸과 얼굴이 과녁을 정면으로 대하는 것이 같고 발 자세를 비정비팔로 하라는 것도 같다면 결국 발의 자세도 같은 자세가 될 것이다.

③ 불거름
『조선의 궁술』에서는 불거름을 팽팽하게 하라고 하였고, 『정사론』에서는 몸을 언덕과 같이 굳건하게 하여 어느 쪽으로도 구부러지지 않게 하라고 하였다. 그렇게 하려면 당연히 불거름을 팽팽하게 하지 않을 수 없을 것이다.

④ 가슴통
『조선의 궁술』에서는 가슴통이 비어야 쓰나니, 배이거나 벌어지면 법에 대기(大忌)하는 바라고 하였고, 『정사론』에서는 가슴이 앞으로 볼록 나가는 잘못을 알지 못한다면 참으로 고치기 어려운 가슴통 병이 생긴다고 하였다. 역시 같은 자세라고 할 수 있다.

⑤ 턱 끝
『조선의 궁술』에서는 목덜미를 늘이면서 턱 끝을 죽머리 가까이 묻으라고 하였고, 『정사론』에서는 머리는 닭이 울 때처럼 꼿꼿하

게 들고, 목은 쭉 펴 올리라고 하였다. 『조선의 궁술』에서 턱 끝을 죽머리에 묻으라고 한 이유가 과녁을 정면으로 응시하고 목을 곧게 하기 위함이라면 『정사론』의 자세와 다를 바가 없다.

⑥ 목덜미
『조선의 궁술』에서는 목덜미는 항상 곧게 하고 늘일 것이요 오므리거나 구부리지 말라고 하였고, 『정사론』에서는 목은 쭉 펴 올려서 마치 창(唱)을 하는 사람이 재주껏 다리를 들면서 높은 음을 낼 때처럼 하라고 하였다. 결국 같은 내용이다.

2) 집궁 자세

집궁 자세는 앞에서 말한 서는 자세에서부터 거궁 자세에 이르기까지의 활을 잡는 자세를 말한다.

① 줌손
줌통을 잡는 자세로 『조선의 궁술』에서는 흘려서 거두어 쥐라고 하였다. 『정사론』에는 구체적인 언급이 없지만 거궁 자세에서 횡천(橫天: 양팔의 이어진 모양이 하늘 위에 그려지는 원을 따라 가로지른 듯한 모양)이 되려면 흘려 쥐지 않을 수 없다.

② 깍지손
『조선의 궁술』과 『정사론』이 모두 깍지손을 높이라고 하였다.

③ 죽머리

『조선의 궁술』에서는 죽머리는 바싹 붙여서 턱과 가까운 것이 합당하다고 하였고, 『정사론』에서는 목을 늘이고 죽머리를 낮추라고 하였다. 『조선의 궁술』에서 신입 사원으로 하여금 과녁을 정면으로 대하게 하기 위한 방법이라고 보면 『정사론』과 어긋남이 없을 것이다.

④ 중구미

『조선의 궁술』에서는 중구미는 반드시 엎이어야 한다고 하였으나, 『정사론』에는 언급이 없다. 올바른 거궁 자세로 올바르게 개궁을 하며 줌손과 깍지손을 빨래 짜듯 하려면 저절로 이루어지는 현상일 것이다.

⑤ 거궁 자세

『조선의 궁술』에서는 줌손을 이마 높이로 올려 들라고 하였고, 『정사론』에서는 머리 위로 들라고 하였다. 『조선의 궁술』보다 조금 더 높은 『정사론』의 거궁은 강궁을 쏘는 원칙에서 나온 것이고, 『조선의 궁술』은 다만 유엽전만 쏘는 사법이므로 다소 낮아졌으나 이 역시 매우 높은 거궁 자세이다.

이상에서 살펴본 바와 같이 『정사론』의 몸자세는 『조선의 궁술』 몸자세와 거의 다름이 없다. 이는 『조선의 궁술』이 훨씬 이전의 사법인 『정사론』 사법과 같은 맥락에 있음을 뜻하는 것이기도 하다.

『정사론』을 쓴 청교 장언식 공은 20세 때부터 임금을 호위하는 금군에서 활쏘기를 가르친 분이며, 이후 50년 가까이 군에 복무하면서 군의 최고 지위까지 올라간 장군이었다. 따라서 이 『정사론』에는 조선의 무관 사법이 가장 믿을 만하고 정밀하게 담겨 있다고 보아야 한다.

나가는 말

 이상으로 『정사론』의 사법에 관하여 간략하게 살펴보았다. 『정사론』은 우리 활 쏘기의 올바른 사법이 정리된 저술서이지만, 그 저술 동기에는 올바른 몸과 마음을 지닌 무사를 양성하여 나라를 수호하려는 충의가 있다. 또한 『정사론』에는 훌륭한 사예 철학과 독특한 사예 이론이 있다. 거궁 자세에서 줌손의 법식을 전거정원(前擧正圓)의 규(規)로, 깍지손을 후거집방(後擧執方)의 구(矩)로 하여 규구방원(規矩方圓)의 원리를 정하였고, 개궁 동작은 전거(前擧)와 후집(後執)을 아울러 법(法)으로 삼았다. 활쏘기의 모든 자세와 동작에서 거궁 자세를 가장 중요시하여 근본으로 삼았으며, 이를 인간이 지닌 4가지 덕인 인의예지(仁義禮智)에 배속시켰다.

 『정사론』은 활이 아직 무기로 사용되던 시기에 50년간 활을 쏘며 군사들을 가르치고 지휘했던 65세의 노장군이 직접 쓴 글로 우리나라 사법서에서 단연코 가장 위대한 저술서이다. 일제 강점기에 발행된『조선의 궁술』도 사법에 있어 이 『정사론』의 맥을 잇고 있음이 분명하다.

 오늘날 우리 국궁계는 전통 사법이 거의 자취를 감추고 양궁이나 중국의 사법과 같은 측사법(側射法: 낮은 거궁으로 과녁을 빗겨 대하여 직선으로 당겨서 쏘는 법)이 주류가 되다시피 하였다. 온몸을 바르게 하여 그 바른 몸가짐으로 마음가짐을 바르게 하는 우리 활의 사법과 정신을 우리 활의 사법이 아닌 측사법에 담아야 할 것인가? 과녁을 빗겨 대하고 과녁을 옆 눈으로 노려보며 활을 쏘는 모습에서 정기정심(正己正心)을 말하는 것 자체가 민망한 일이다.

『정사론』은 정사법(正射法)에 관한 논(論)이며, 바른 몸자세를 통해 마음을 바르게 하는 사법을 논한 것으로, 이 사법에 우리 선조의 무예 정신과 사예 철학이 담겨 있다. 이제 활쏘기가 더 이상 무예가 아닌 스포츠가 된 오늘날에도 우리 활을 쏘는 궁사들이 깊이 생각해 볼 내용들이 『정사론』 안에 수없이 들어 있다. 선조의 혼이 깃든 우리 활을 쏜다면, 선조들이 쏘았던 바로 그 전통 사법인 정사법을 익혀서 그 안에 담긴 우리 활의 정신을 계승하는 것도 의미 있는 일일 것이다. 어쩌면 이것이 시합에서 많은 시수를 내는 것보다 더 가치 있는 일이 아니겠는가?

단기 4353년 새해를 맞이하며
휘송 이윤치 근기

번역과 주해를 마치며

 근 30년 전에 활을 처음 잡았을 때는 별다른 생각도 없이 가벼운 마음으로 활을 쏘았는데, 활을 쏜 지 얼마 되지 않아 나는 왜 활을 쏘는가, 라는 질문과 마주하게 되었다. 나름대로의 대답이 있었지만 세월이 갈수록 나의 사예에 대한 목적의식은 점점 희미해져 갔다.
 그러다가 사정이 생겨 수년간 활쏘기를 매우 게을리하다가 다시 활을 잡게 되면서 청교 장언식 공의 『정사론』을 보게 되었다. 마음을 가다듬고 처음부터 끝까지 읽어 보니 모두가 보배와 같은 말씀들이었다. 한 편 한 편 가슴에 새기며 읽어 나가노라니, 그동안 희미해졌던 나의 사예에 대한 목적의식이 다시금 점점 분명해지는 것이었다.
 특히 본정 휘송 이윤치 고문님과 지난 2년간 사법에 대하여 많은 대화가 있었는데, 같은 사예 철학을 가진 분이 그래도 주위에

계시다는 점에서 용기를 얻어 『정사론』을 번역·주해하여 동호인들에게 내놓기로 마음먹게 되었다.

　비록 깊지 못한 학문임에도 외람되이 이 위대한 저서를 번역하기로 한 것은 오직 우리 활을 쏘는 모든 분들에게 조금이라도 도움이 되기를 바라는 마음이 있었기 때문이다.

　부족한 점도 있을 것이고 잘못된 점도 없지 않을 것이다. 그러나 이 책을 대하는 강호 궁사님들이 넓은 마음으로 헤아려 잘못된 부분은 바로잡아 읽음으로써, 자신의 사법 발전은 물론이거니와 사예인으로 목표하는 바를 모두 이루기를 충심으로 기원하는 바이다.

단기 4353년 새해를 맞이하며
백산 안대영 근기